M. & G. Ebel / S. Rinke
Die Naturheilküche mit Honig

Margret und Gottlieb Ebel / Silvia Rinke

Die Naturheilküche
mit Honig

Ehrenwirth

Die Deutsche Bibliothek – CIP-Einheitsaufnahme
Ebel, Margret: Die Naturheilküche mit Honig / Margret und Gottlieb Ebel/Silvia Rinke. –
München: Ehrenwirth, 1996
ISBN 3-431-03464-0
NE: Ebel, Gottlieb:; Rinke, Silvia:

ISBN 3-431-03464-0
© 1996 by Ehrenwirth Verlag GmbH, Schwanthalerstr. 91, D-80336 München
Umschlag: Atelier Kontraste, München
Satz: ew print & medien service gmbh, Würzburg
Druck: Landesverlag, Linz
Printed in Austria

Inhalt

Vorwort

Kochbücher gibt es fast so viele wie Sand am Meer. Kochbücher, die ohne Zucker auskommen, gibt es schon weniger, und Honigkochbücher gibt es einige wenige. Dieses Kochbuch zeigt Ihnen, wie Sie ohne Zucker, weißes Mehl und Konserven kochen können und trotzdem nicht Ihre ganze Freizeit in der Küche zubringen müssen.

Ganz besonders legen wir Wert darauf, daß in jeder Speise, sei sie nun herzhaft oder süß, Honig verwendet wird. Kritiker werden nun denken, daß auf diese Weise der Konsum an Süßigkeiten weiter gesteigert wird. Sicherlich – wenn Honig ein reines Süßmittel wäre. Ist er aber nicht: Honig enthält sehr viele für unseren Körper wichtige Stoffe, die jedes Lebensmittel in seinem Nährwert verbessern. Indirekt wird also durch Zugabe von Honig bei jedem Rezept der Heißhunger auf Süßes nach der Mahlzeit reduziert, da der Körper durch Spurenelemente und andere hochwertige Stoffe wirklich gesättigt wird. Das Besondere an diesem Kochbuch ist, daß wir uns nicht darauf beschränken, auf den Kaloriengehalt von Grundnahrungsmitteln zu verweisen. Kalorienzählen ist eine mühselige Angelegenheit und relativ überflüssig, wenn man sich von Grundnahrungsmitteln und vor allem von vielen pflanzlichen Produkten ernährt.

Darüber hinaus möchten wir Ihnen mit diesem Buch zeigen, daß Nahrungsmittel durchaus als Heilmittel zu betrachten sind, ganz, wie es Paracelsus forderte. Sie werden also in diesem Buch neben den Inhaltsstoffen, wie Vitamine und Mineralien einzelner Pflanzen, Hinweise auf deren therapeutischen Nutzen finden. Und das macht das Buch zu etwas ganz Besonderem. Es ergeben sich Möglichkeiten, etwa durch die Nahrung den Cholesterinspiegel zu senken oder das Krebsrisiko zu vermindern. Wir sind zwar keine Ernährungswissenschaftler, doch gerade das ist vermutlich unser Vorteil. Wenn sich ein Imker und seine mit Honigrezepten erfahrene Frau mit einer Agrar-Ingenieurin zusammentun, so sorgen die gemeinsamen Erfahrungen und die unterschiedlichen Sichtweisen dafür, daß ein Buch entstehen kann, das viele Seiten beleuchtet.

Wir und unsere Berufskollegen sind dafür da, daß die Menschen mit Grundnahrungsmitteln versorgt werden. Wir haben allerdings keinen Einfluß darauf, was passiert, wenn die Grundnahrungsmittel industriell bearbeitet werden oder durch EG-Gesetze z.B. Äpfel eine bestimmte Größe haben müssen und die schmackhaften kleinen Sorten vom Markt verschwinden. Mit Sicherheit können wir jedoch sagen, daß die Grundnahrungsmittel so unbelastet und so wenig verarbeitet sein sollten wie möglich, damit sie ihre volle Wirkung entfalten können. Wer sich für Umweltschutz stark machen möchte, der kann damit am besten in der eigenen Küche beginnen, indem er naturbelassenen Honig aus dem Inland und ungespritzte Grundnahrungsmittel verwendet. Auf diese Art und Weise hat jeder die Möglichkeit, auf die Produktionsweise von Imkern und Landwirten einzuwirken und den ökologischen Landbau zu stützen. Belohnt werden Sie nach einer Zeit der Umgewöhnung mit Vitalität und Gesundheit.

Wie Sie dieses Ziel erreichen können, lesen Sie in diesem Buch. Wir haben versucht, alle Dinge für jeden verständlich darzustellen in der Hoffnung, daß viele Leser dieses Buch gerne weiterempfehlen. Wir glauben, daß Sie in diesem Buch viel Neues über Honig, Ablauf der Verdauung und Wirkung von Grundnahrungsmitteln erfahren und daß Sie wieder lernen, das Richtige zu essen. Wenn sich das Sättigungsgefühl einstellt, ist der Körper zufrieden. Dem Geist wird die Möglichkeit gegeben, sich anderen Dingen zu widmen und nicht nur ans Essen zu denken. Das können Sie nur mit naturbelassenen Lebensmitteln erreichen. Solche Lebensmittel halten Sie wirklich am Leben.

Dank sagen möchten wir all denen, die uns zu diesem Buch ermuntert haben. Besonderer Dank gilt Gregor für seine Geduld, Liebe und dem unbeugsamen Willen, mit Rat und Tat zur Seite zu stehen.

Margret und Gottlieb Ebel
Silvia Rinke

Einleitung

Kann es Zufall sein, daß in einer Zeit des reichlich gedeckten Tisches Mangelerscheinungen, Stoffwechselstörungen und Krebs so oft als Krankheitsbilder auftreten? Haben Allergien mit unserer Nahrung zu tun, oder sind sie nur genetisch
bedingt bzw. entstehen ohne sichtbare Ursache? Sowohl Imker als auch Land-
wirte stellen Grundnahrungsmittel zur weiteren Verarbeitung zur Verfügung. Aber
schon bei ihrer Erzeugung stellten wir viel Unverstand fest. Ein Weiteres tut die
verarbeitende Industrie. Durch synthetische Zusätze von Vitaminen und anderen
Stoffen wird am Ende eines langen Verarbeitungsprozesses die Ware »aufgewer-
tet« und modisch gestylt vermarktet. Doch was ist mit dem Nährwert dieser Nahrungsmittel geschehen?
Wir stellten uns die Frage, wie ein Nahrungsmittel beschaffen sein muß, damit es
nährt, und ab wann es als Heilmittel zu betrachten ist. Bei Honig war die Frage
relativ leicht zu beantworten, denn naturbelassener Honig gilt seit alters her als
heilkräftig. Bei weiterer Literatursuche stellten wir fest, daß alle nicht oder nur
gering bearbeiteten Grundnahrungsmittel immer auch heilkräftig sind. Diese Entdeckung war für uns zwar einerseits überraschend, andererseits aber auch lo-
gisch, denn die Natur versorgt den Menschen mit allem, was er nötig hat, wenn
man sie nur läßt. Wir konnten nachlesen, daß Grundnahrungsmittel voll von
pharmakologischen Wirkstoffen sind, die im Körper aktiv werden und die Gesundheit beeinflussen.
Wir überlegten uns, daß Honig in Kombination mit den Grundnahrungsmitteln
eine ideale Ernährung sein müßte. Naturbelassener Honig und Obst, Gemüse,
Getreide und tierische Produkte aus möglichst naturnaher Erzeugung müßten
eine ideale Kombination ergeben. Als wir begannen, unsere Rezepte auszuprobieren, waren wir schon längst dabei, unsere »neuen« Entdeckungen anhand der
im Literaturhinweis angegebenen Bücher zu diesem Buch zusammenzustellen.
Dabei achteten wir darauf, neben aufwendigen Rezepten schmackhafte, aber
relativ einfach zu bereitende Gerichte zu beschreiben, damit der Übergang von
Schnellgerichten aus Dose, Tüte oder Eisschrank zu frischen Zutaten ohne »Kul-
turschock« erfolgen kann.

Dennoch benötigen Sie etwas Geduld, denn der Körper hat sich mit der mehrfach behandelten Kost abgefunden und sich mehr schlecht als recht an sie angepaßt. Unsere Zellen sind jedoch enorm leistungs- und regenerierfähig. Nach einer Zeit der Umstellung werden Sie Konservengemüse nicht mehr essen mögen. Das wissen wir aus eigener Erfahrung.

Wir haben uns gedacht, daß für das Verständnis der im Verdauungssystem beginnenden Vorgänge bei der Umstellung von Fertigkost auf Frischkost ebendieses geschildert werden müßte. Das haben wir auf vereinfachte Weise getan in der Hoffnung, daß möglichst viele Menschen die Wichtigkeit einer optimal verlaufenden Verdauung verstehen und dafür sorgen, daß diese stattfinden kann. Führt man sich vor Augen, daß 80 Prozent der Immunstoffe im Darm gebildet werden, kann man verstehen, warum Erkrankungen häufig mit einer verminderten Verdauungsfähigkeit des Darmes einhergehen.

Ein Rezeptbuch mit Honig kann sich also nicht nur darauf beschränken, das Wissen um die Heilkräfte des Honigs weiterzugeben. Alle Nährmittel, die der Mensch zu sich nimmt, üben einen Einfluß auf sein Leben aus. Die komplexen Vorgänge im menschlichen Körper sind miteinander verwoben. Es wird deutlich, daß die Nahrung, die Körper und Geist zur Existenz befähigt, grundlegend für die Gesundheit ist. Niemand anders als Paracelsus faßte das mit den Worten zusammen:»Laßt unsere Nährmittel Heilmittel sein und unsere Heilmittel Nährmittel.« Dieser Satz paßt besonders auf die Eigenschaften des Honigs. Doch nicht nur der Honig hat heilende Stoffe. Unsere gewöhnliche Rote Bete enthält einen tumorhemmenden Wirkstoff. Gemüse und Obst sind reich an Vitaminen und Spurenelementen, und sie enthalten Ballaststoffe.

Die heilsamen Kräfte faßt man unter dem Namen sekundäre Pflanzenstoffe (SPS) zusammen. Die Pflanze entwickelte diese Stoffe vermutlich, um sich selbst vor dem Befall mit Krankheitserregern zu schützen und um ihr Wachstum zu fördern. Unter diese Gruppe fallen auch Pflanzenstoffe, denen man bislang keine große Aufmerksamkeit geschenkt hat wie Carotinoide, Flavonoide, Clucosinate und Phytoöstrogene.

Aufkommende Euphorie müssen wir allerdings im Vorfeld bremsen: die Regeneration kann Monate und Jahre dauern. Eines können wir Ihnen allerdings versprechen: Sie können körperliches und geistiges Wohlbefinden durch geänderte Eßgewohnheiten erreichen. Wir hoffen, daß Sie ebenso verblüfft sein werden, wie wir es waren, als wir die zahlreichen Hinweise auf heilkräftige Stoffe in Grundnahrungsmitteln aufstöberten. Fast jedes Obst oder Gemüse enthält krebshemmende Stoffe. Solch ein Wissen macht Mut, die Verantwortung für die eigene Gesundheit wieder selbst in die Hand zu nehmen und täglich in der Küche umzusetzen.

Ein Trost sei Ihnen allerdings bei der Zubereitung der Nahrungsmittel mit auf den Weg gegeben. Denken Sie nicht, wir wären gegen die Versuchungen des Alltags gefeit. Auch uns holt die Verlockung in Form von Fertigkuchen und Pommes frites ab und zu ein. Aber das ist für uns eher ein Ansporn als ein Grund, die Flinte ins Korn zu werfen. Nach einem solchen Ausflug in die Welt der modernen Nahrungsmittel sind wir meist enttäuscht, d. h., wir freuen uns wieder auf ein gutes Essen.

Wie Sie sehen, sind auch wir Menschen, die den Versuchungen des täglichen Lebens gerne mal nachgeben. Betrachten Sie unsere Hinweise auf die Schädlichkeit bestimmter Nahrungsmittel nicht als moralisierenden Zeigefinger, wenn es auch manchmal so klingen mag. Ein schlechtes Gewissen zu wecken ist nicht unsere Absicht. Denn nur durch ein »Aha«-Erlebnis werden Sie Ihre Gewohnheiten dauerhaft und freudig ändern können.

Essen und Verdauen

Ein Buch, das sich ganzheitlich mit Essen und Trinken beschäftigt und Rezeptanregungen gibt, muß sich zwangsläufig mit der Verdauung beschäftigen. Das bedeutet – verwendet man die englischen Begriffe –, wo »input« ist, muß auch »output« sein, wo etwas hineinkommt, muß auch etwas herauskommen. Diese kurze technische Aussage gibt jedoch keinen Aufschluß über die Vorgänge, die täglich und natürlich auch nachts in uns ablaufen. Dabei sind diese naturwissenschaftlichen Erkenntnisse interessant und zeigen uns ein anderes, eben inneres Bild unseres Körpers, den wir sonst nur äußerlich betrachten können.

Die Reise mit dem inneren Auge durch unser Verdauungssystem würde in der Mundhöhle beginnen. Dort zerkleinern die Zähne die Nahrung, die Zunge schiebt den Zähnen ihren Anteil zu, und Drüsen geben den Speichel ab, der alles schlüpfrig macht. Schon im Mund wird durch den Speichel das Enzym Amylase abgegeben, das Stärke spaltet. Insgesamt rinnen täglich 1,5 Liter Speichel durch unseren Mund, der nicht nur die Verdauung unterstützt, sondern die Mundschleimhäute feucht und die Zähne sauber hält.

Auch die Lust am Essen und Trinken hängt mit der Mundhöhle zusammen, denn die vier Geschmacksrichtungen süß, sauer, bitter und salzig werden von 2000 Geschmacksknospen der Zunge empfangen und ans Gehirn weitergeleitet.

Die Geschmacksempfindung süß liegt an der Zungenspitze. Kein Wunder also, daß das Naschen von Süßigkeiten unser bevorzugter Zeitvertreib ist. Aber auch das Geschmacksempfinden für die verschiedenen Honigsorten liegt an der Zungenspitze. Die Zunge ist neben den Genußempfindungen in der Lage, schädliche oder giftige Nahrung zu erkennen. Diese Sensibilität wird durch Nikotin, Alkohol, Krankheit und moderne Ernährung beeinträchtigt.

Über den Rachen und die Speiseröhre gelangt der Nahrungsbrei schließlich in den Magen. Die Speiseröhre kann man sich am besten als einen biegsamen Schlauch vorstellen, nicht unähnlich einem Staubsaugerschlauch. Der Magen, in den die Speiseröhre mündet, ist in erster Linie die Vorratskammer, in der alles vermischt, geknetet und vorverdaut wird.

Für den Magen hat der Volksmund schon lange seine Weisheiten in bezug auf die

Zusammenhänge zwischen Nahrung und Gefühlsleben. Sprüche wie »Dem ist was auf den Magen geschlagen«, »er ist sauer« (Sodbrennen), »er hat Steine im Bauch« sind uns allen bekannt. Aber auch die anderen Verdauungsorgane zeigen eine Beeinträchtigung, wenn die Mahlzeiten durch trübe Gedanken und Hetze charakterisiert sind. »Dem ist eine Laus über die Leber gelaufen«, »er spuckt Gift und Galle« und »dem geht die Galle hoch« sind weitere Aussagen des Volksmundes.

Der Magen gibt den Nahrungsbrei schubweise an den Dünndarm weiter. Erst hier erfolgt die eigentliche Verdauung. Im Dünndarm werden durch die Stoffe, die die Bauchspeicheldrüse, die Drüsen der Darmschleimhaut und die Galle in den Dünndarm abgeben, die groben Bestandteile zerlegt, bis die aufgespaltenen Kleinteile, die man Moleküle nennt, über die Gefäße der Dünndarmschleimhaut ins Blut und über die Portalvene zur Leber geleitet werden. Der Dünndarm kann mit einer Oberfläche von vier Quadratmetern Enormes leisten.

Der Leistungsträger schlechthin ist aber in unserem Körper neben Herz und Lunge die Leber. Sie ist so wichtig, daß ihr an dieser Stelle einmal Respekt gezollt wird. Sie ist unser Entgiftungsorgan und arbeitet eng mit Bauchspeicheldrüse und Galle zusammen. Sie ist das wichtigste Drüsenorgan unseres Körpers. Wenn sie richtig arbeitet, wird sich kaum eine Stoffwechselkrankheit einstellen.

Es gibt viele Gifte, die der Mensch, bewußt oder unbewußt, seinem Körper zuführt. Das sind Farbstoffe, Spritzmittel, Konservierungsmittel, Medikamente, Nikotin, Alkohol, verdorbene Nahrung, Aromastoffe usw. Die Liste ließe sich beliebig fortsetzen. Die Leber muß alle diese Fehler wieder ausbügeln. Mehr als 600 Liter Blut filtert sie innerhalb von 24 Stunden, und das bei einem Eigengewicht von nur 1,5 Kilogramm. Dieses geringe Gewicht entspricht aber auch einer Menge von 350 Milliarden Leberzellen.

Das gesamte Blut, egal, ob aus dem Körperblutkreislauf oder dem Pfortaderblutstrom, wird von der Leber ständig gereinigt und entgiftet. Weiter ist sie ununterbrochen damit beschäftigt, Galle, Enzyme, Glycogen, Bluteiweißstoffe, Harnstoff und Harnsäure zu bilden. Sie beteiligt sich am Blutfarbstoffwechsel, bildet Schwefelsäure, oxidiert giftige Stoffe zu ungiftigen, speichert Nahrungsstoffe und bildet bestimmte Vitamine. Auch spielt die Leber eine wichtige Rolle bei der Erhaltung der Körpertemperatur. Alle körperfremden und giftigen Stoffe, die durch das Pfortaderblut in die Leber kommen, muß sie unschädlich machen. Dazu gehören neben den bereits genannten Giften die Stoffwechselprodukte von

Krankheitserregern. Wir Menschen spüren die Arbeit unserer Leber nicht, denn sie löst auch bei Schwerstarbeit keine Schmerzen aus. Würde sie jedoch nur einige Stunden ihre entgiftende Arbeit einstellen, könnte dies innerhalb kürzester Zeit zum Tode führen.

Die Arbeit der Leber wird von den Nieren unterstützt. Diese beiden 200 Gramm schweren Organe bilden den Harn, der Wasser, organische und anorganische Stoffe enthält. Die durchschnittliche Tagesharnmenge eines gesunden Menschen liegt zwischen ein und zwei Litern. Dabei werden täglich ca. 50 Gramm schädliche Stoffe ausgeschieden. Die Nieren werden täglich von bis zu 1800 Litern Blut durchströmt und filtern überschüssige Salze heraus. So regeln die Nieren das Salz-Wasser-Gleichgewicht. Unterstützen kann man die Tätigkeit der Nieren, indem man Mineralwasser mit Honig und Apfelessig trinkt.

Die Nahrungsbestandteile, die im Dünndarm nicht an Blut und Leber weitergegeben wurden, erreichen durch die Muskelbewegung des Dünndarms den Dickdarm. Hier wird der verbliebene Nahrungsbrei unter bakteriellen Bedingungen, so weit dies möglich ist, verdaut. Allein im Dickdarm verbleibt der Inhalt bis zu 12 Stunden, bevor er, nachdem Wasser entzogen wurde, ausgeschieden wird. Im Dickdarm kommt es häufig durch den Stoffwechsel der im Darm lebenden Bakterien zur Gasentwicklung. Das ist nicht nur unangenehm und mitunter schmerzhaft, sondern gefährlich, denn im Dickdarm werden die gespaltenen Nahrungsbestandteile, aber auch Gifte, direkt ans Blut weitergegeben. Nicht selten findet man daher in der homöopathischen Fachwelt den Satz: »Der Tod liegt im Darm.« Insgesamt verbleibt alles, was wir essen, bis zur Ausscheidung 24 bis 48 Stunden im Körper, je nachdem, ob die Nahrung ballaststoffreich oder -arm war. Honig geht sofort über die Leber in den Blutkreislauf.

Der Beginn unserer Reise ist zugleich das Ende der Betrachtung unserer Verdauung. Viele unserer Beschwerden ließen sich nämlich bereits in der Mundhöhle vermeiden. Zwar sind es nur zehn Sekunden, die die Speise im Mund verbleibt und das genüßliche Geschmacksempfinden ermöglicht. Doch in dieser Zeit geben die vielen Drüsen, die auf engstem Raum nebeneinanderliegen, eine große Menge Speichel mit vorverdauenden Stoffen ab. Das weiß der Volksmund ebenso. Wieviele Kinder wurden wohl schon mit den Worten ermahnt: »Gut gekaut ist halb verdaut.« Ruhe und Genuß sind Voraussetzung für eine gesunde Ernährung.

Eßverhalten

In den vergangenen Jahrzehnten gab es reichlich Ernährungsprogramme, die rasch zum Renner und ebenso schnell zur Sternschnuppe wurden. Einseitige Ernährungsprogramme, wie z.B. die Atkinsdiät, werden nur von sehr disziplinierten Menschen durchgehalten. Dies ist die Grundlage für eine Forschung auf dem Gebiet des Eßverhaltens. Man kann davon ausgehen, daß unser Eßverhalten zu 50 Prozent in unserer frühen Jugend durch die Eßgewohnheiten in der elterlichen Familie, 30 Prozent durch Werbung, 10 Prozent durch Stoffwechselvorgänge geprägt wird und daß nur 10 Prozent durch Einsicht einer gesundheitlichen Notwendigkeit gesteuert werden. Lassen Sie sich dadurch nicht entmutigen. Wenn man sich bewußt macht, daß die Werbung einen so starken Einfluß ausübt, ist das der erste Schritt zur Selbständigkeit.

Neben den Eßgewohnheiten beeinflußt das Eßverhalten unser Wohlbefinden nach einer Mahlzeit. Der Magen benötigt 15 Minuten, bis das Gefühl »ich bin satt« gemeldet wird. Bei schnellem Essen oder beim Essen im Stehen oder im Auto wird die Kost in der Regel innerhalb kürzester Zeit verschlungen. Es kommt neben dem bekannten Blei im Magen nicht zum erwünschten Sättigungsgefühl. Essen wir zu schnell, dann laufen wir Gefahr, mehr zu essen, als der Körper braucht. Das Signal »ich bin satt« kommt dann zu spät. Menschen mit Gewichtsproblemen essen meistens schneller als die schlanken.

Die Speisen bleiben unterschiedlich lang im Magen, bevor sie an den Darm weitergegeben werden. Wie lange das sein kann, zeigt folgende Tabelle:

1–2 Stunden	2–3 Stunden	3–4 Stunden	4–5 Stunden	5–7 Stunden	8–9 Stunden
gekochter Fisch	Brötchen	Geflügel	Kalbsbraten	Geflügel (gebraten)	Öl-sardinen
Milch	Sahne	Schinken	Rindfleisch	Schweine-braten	
Weißbrot	Eierspeisen	Beefsteak	Rauchfleisch		
Reis	Joghurt	Huhn	Erbsen		
Zucker	Pudding	Spinat	Linsen		
weiches Ei	Torten	Nüsse	Schnittbohnen		
	Kartoffeln	Schwarzbrot			
		Bratkartoffeln			

Flüssigkeit verläßt den Magen zum großen Teil bereits nach zwanzig Minuten. Einige der festen Bestandteile gelangen nach 45 bis 60 Minuten in den Darm. Vor allem Salat gehört zu diesen ersten festen Bestandteilen. Es empfiehlt sich also, den Salat zu Beginn der Mahlzeit zu essen, damit er als erstes ungehindert vom Magen in den Darm gelangen kann. Gleiches gilt für Getränke, denn wenn während des Essens getrunken wird, spült die Flüssigkeit Nahrungsbestandteile unbearbeitet mit in den Darm. Die Folge sind Gärungen mit den daraus resultierenden Blähungen.

In der Tabelle wird gezeigt, wie lange die einzelnen Nahrungsmittel im Magen bleiben, bis sie an den Darm weitergegeben werden. Nun ist es aber so, daß wir nicht nur Brot oder Fleisch essen, sondern in der Regel einige der verschiedenen Nahrungsmittel auf einmal. So bleibt der Speisebrei länger in Magen und Darm. Die Zeit für die Verdauung wird länger. Es muß mehr Energie aufgewendet werden. Die Trennkost ist ein Beispiel dafür, daß es auch anders geht (siehe folgendes Kapitel).

Der Stoffwechsel unseres Körpers versucht, mit der Nahrung, die wir ihm anbieten, zurechtzukommen. Mitunter treten erst nach Jahren Stoffwechselstörungen auf. Mehrfach behandelte Nahrung ist zunächst meist leicht verdaulich, da die Verarbeitungsprozesse der Verdauung im Körper vorgreifen. Die Bearbeitung hat aber den Verlust der feinstofflichen Elemente zur Folge. Das kann der Körper einige Zeit kompensieren, bevor er rebellieren wird.

Bei naturbelassener Nahrung ist das anders. Hat sich der Körper mit seinem Stoffwechsel einmal auf hochwertige Nahrung eingestellt, wird er entwertete Nahrung instinktiv ablehnen. Es darf allerdings nicht verschwiegen werden, daß sich ein Körper, der bearbeitete Nahrung gewohnt ist, schwertut mit der Verdauung unbearbeiteter Lebensmittel. Während der Zeit der Umgewöhnung auf naturbelassene Lebensmittel schlägt Honig eine erste Brücke zum Erfolg; Honig wird von der Biene bearbeitet, so daß alle Nährstoffe unmittelbar dem Körper zur Verfügung stehen. Die Zucker des Honigs gehen direkt ins Blut und sind schnelle Energiespender.

In schwerwiegenden Fällen kann es nach dem Essen von Honig zu Magenirritationen kommen. Es ist also zweckmäßig, am Anfang nur wenig Honig zu verschiedenen Zeiten zu essen. Haben Sie etwas Geduld mit sich und Ihrem Körper. Es lohnt sich. Normalerweise wird der Honig nach einigen Wochen (vorausgesetzt, er ist von einwandfreier Qualität) gut vertragen und geschätzt. In diesem Buch wird gezeigt, daß gesunde Nahrung schmackhaft und abwechslungsreich sein kann. Alles, was Geist und Körper brauchen, ist eine Vollwertkost. Zu dieser Vollwertkost gehören auch die Bienenprodukte Honig, Pollen, Gelee-Royale und der natürliche Abwehrstoff Propolis.*

Zahlreiche Untersuchungsreihen mit Leistungssportlern haben gezeigt, daß durch naturbelassene Bienenwirkstoffe die Leistungsfähigkeit gesteigert, die Regenerationsphase verkürzt und das gesamte Immunsystem gestärkt werden können. Kombiniert man die Bienenprodukte mit anderen naturbelassenen Nahrungsmitteln, dann werden Körper und Geist unbelastet und vital sein.

Wer sich gesund ernähren will, wird nicht umhinkommen, sich über seine Lebensumstände Gedanken zu machen. Der Mensch lebte zwar schon immer in wechselnder Umgebung, aber die größten Lasten werden ihm in den letzten Jahrzehnten aufgebürdet. Bei einer bewußten und natürlichen Ernährung kann sich der Körper schneller an die Umweltgegebenheiten anpassen. Ob dies erwünscht ist, muß jeder für sich entscheiden. Eins ist allerdings sicher: Befolgt der Mensch den Ernährungsplan nicht, der sich im Laufe der menschlichen Evolution gebildet hat, wird die Abwehr gegen Krankheiten mangelhaft. Es fängt damit an, daß die Willenskraft nachläßt, der Mensch reizbar wird. Blutarmut stellt sich ein, der Körper wird empfindlich gegen Kälte, die Durchblutung vermindert sich, die Verdauung wird schlechter. Sind diese Anzeichen vorhanden, befindet sich der Körper schon in einem Notstand.

Ein gesunder Mensch mit normalem Eßverhalten wird seine Ernährung nach seinen individuellen Bedürfnissen auswählen. Wir Menschen haben diesen Instinkt mitbekommen. Nehmen Sie diese Chance wahr, und kombinieren Sie die Gerichte in diesem Buch, wie Sie es gerne möchten. Die heimische Küche ist einer der letzten Plätze, wo wir ungestört unsere Freiheiten ausleben können. Kein Wunder also, wenn Bauherren zunehmend auf die Wohnküche zurückkommen. Die Küche als Platz für geistige und lukullische Genüsse wird wieder entdeckt. Der Anfang für eine gesunde Lebensweise ist gemacht.

* Alle diese Überlegungen haben den Imker Gottlieb Ebel bewogen, aus der Zusammenführung von Bienenprodukten und natürlichen Zusatzstoffen die Kraft- und Konditionskost *Apis Ambrosia*® zu entwickeln.

Trennkost

Im vergangenen Kapitel wurde viel über die Verdauung und über die Verdauungsorgane berichtet. Die Erkenntnisse der modernen Medizin in bezug auf die Verdauung machte sich der amerikanische Arzt Dr. Hay zu eigen. Er entwickelte in den 40er Jahren eine Methode, kranke Menschen durch die Ernährung zu heilen, oftmals völlig ohne Medikamente, und das Wohlbefinden von gesunden Menschen zu verbessern. Dr. Hay versuchte, die Ernährung des Menschen in der Entwicklungsgeschichte zu deuten, und er verband seine Erkenntnisse mit Forschungsergebnissen der Neuzeit.

Zunächst einmal kann man an Urvölkern und wildlebenden Tieren beobachten, daß alles seine Zeit hat: Wurzeln und Beeren suchen und essen, ein Tier jagen und essen und nach einer Ruhepause trinken – das sind Vorgänge, die nacheinander ablaufen. Betrachten wir dagegen unseren Mittagstisch, so zeigt sich, daß wir Fleisch, Kartoffeln, Gemüse und Obst in einer Mahlzeit zu uns nehmen und mit Getränken hinunterspülen.

Was das bedeutet, versteht man, wenn man sich die Vorgänge im Körper vergegenwärtigt. Zur Kohlehydratverdauung benötigen wir ein Enzym, das die Stärke in Zucker spaltet. Dieses Enzym, es heißt Ptyalin, kann nur unter basischen Bedingungen arbeiten.

Eiweiß jedoch wird in erster Linie durch das Pepsin des Magensaftes in Aminosäuren zerlegt. Pepsin benötigt Säuren, um arbeiten zu können.

Ob ein Substrat basisch oder sauer reagiert, ermittelt man mit Hilfe des pH-Wertes. Salzsäure hat einen ph-Wert von 0, während Natronlauge einen pH-Wert von 14 hat. Reines Wasser liegt mit einem pH-Wert von 7 im neutralen Bereich. Alle Flüssigkeiten mit einem pH-Wert zwischen 0 und 7 sind also sauer, und alle Flüssigkeiten mit einem pH-Wert von 7 bis 14 reagieren alkalisch (basisch).

Das bedeutet für die Verdauung von Eiweiß und Kohlehydraten, daß sie völlig gegensätzliche Bedingungen benötigen, um verdaut zu werden. Werden beide, also eiweißhaltige und kohlehydrathaltige Nahrungsmittel, gleichzeitig gegessen, mag uns das zwar schmecken, aber die Verdauungsbeschwerden sind vorprogrammiert: Säure und Base neutralisieren sich. Im Verdauungstrakt kommt es unter Feuchtigkeit und Wärme zur Gärung. Dr. Hay empfiehlt also, den Verzehr von Kohlehydraten und Eiweißen zeitlich zu trennen; d. h., Getreide, Kartoffeln,

Brot, Reis, Honig und Bananen werden als Vertreter der Kohlehydrate nicht gleichzeitig zu den Eiweißnahrungsmitteln Fleisch, Fisch, Milch, Eier, Käse gegessen. Auch saures Obst wie Kernobst, Ananas, Zitrusfrüchte, Beerenobst und gekochte Tomaten gehören nicht zu einer Kohlehydratmahlzeit. Neutral verhalten sich Fette, Gemüse, Gewürze, aber auch Eigelb, rohe Tomaten, Pilze und Nüsse, außer Erdnüssen und Kastanien. Die neutralen Nährmittel werden sowohl zu Stärke- als auch zu Kohlehydratmahlzeiten genossen.

Aufgrund eigener Beobachtung wissen wir, daß die Zugabe von Honig bei Eiweißgerichten nicht störend wirkt, denn Honig beinhaltet Zucker in Form von Einfachzuckern, die dem Körper direkt zur Verfügung stehen und nicht verdaut werden müssen. Dr. Hay erklärt mit dem Prinzip der Trennkost, warum die Leguminosen (Bohnen, Erbsen, Linsen) so schwer verdaulich sind: Sie sind eine natürliche Fehlkombination von Eiweiß und Kohlehydraten, während alle anderen Nahrungsmittel eindeutig entweder zu den Kohlehydraten oder den Eiweißen gezählt werden können.

Viele Anhänger der Trennkost versichern, daß sich ihr Wohlbefinden deutlich gebessert habe. Der Körper beginnt aufzuräumen, und die Zellen entlassen Schlackstoffe, die ausgeschieden werden. Diese Regeneration der Zellen kann zunächst zu Vergiftungserscheinungen führen, denn die giftigen Stoffe gelangen erst in die Blutbahn, bevor sie ausgeschieden werden. Deshalb gehört eine solche Umstellung der Ernährung in die Hände eines Arztes, der sich mit den Auswirkungen einer Entschlackung auskennt.

Honig kann bei der Entschlackung sehr hilfreich sein, denn seine Inhaltsstoffe verhelfen dem Körper dazu, den Prozeß der Reinigung zu fördern, und er ergänzt fehlende wichtige Stoffe für den Körper.

Nicht alle Rezepte des Buches sind nach den Regeln der Trennkost zubereitet. Mit etwas Phantasie können jedoch die Rezeptvorschläge neu kombiniert werden. Es lohnt sich in jedem Fall, längere Zeit auszuprobieren, ob die Trennkost Ihr Wohlbefinden steigert. Aus eigener Erfahrung wissen wir, daß sich durch die Trennkost in Verbindung mit Bienenprodukten und eingeschränktem Fleischverzehr sogar eine Neurodermitis ausheilen läßt und jeder Tag bei vollem Bewußtsein und geistiger Frische erlebt wird. Die Regulierung auf ein normales Körpergewicht ist dabei eine erfreuliche Nebenerscheinung.

Honig

Honig und die anderen Produkte der Biene sind gesund, das weiß fast jedes Kind. Leider ist dies oft das einzige, was die Menschen über Honig und Honigbienen wissen. Dabei ist die Entstehung des Honigs eine spannende Sache, die Kinder und Erwachsene gleichsam fasziniert. Doch wer kennt schon noch einen Imker oder darf einmal einen Blick in das Leben eines Bienenvolkes werfen?

Was in einem Bienenstock geschieht, liest sich wie eine spannende Geschichte: An warmen sonnigen Tagen, wenn die Blumen blühen, herrscht reges Treiben im Bienenstock. Es »honigt«, wie der Imker sagt. Wer weiß, wie lange die Sonne scheint?! Um 100 Gramm Honig zu schaffen, muß eine Biene etwa eine Million nektarspendende Blüten besuchen. Mit ihrem Rüssel sammelt sie so lange Nektar, bis ihre Honigblase vollkommen gefüllt ist. Dann fliegt sie zu ihrem Stock zurück. Dabei legt sie die Strecke mit einer Geschwindigkeit von 25 bis 30 Kilometern pro Stunde zurück, je nachdem, aus welcher Richtung ihr der Wind entgegenbläst. Ihre Last, Nektar und Pollen, beträgt im Durchschnitt drei Viertel ihres Körpergewichtes, und dennoch erreicht sie diese Geschwindigkeit!

Für ein Kilogramm Honig muß die Biene ungefähr 150 000 mit Nektar gefüllte Honigblasen heim in den Stock bringen. Wenn die Blüten, von denen sie den Nektar erhält, 1,5 Kilometer vom Stock entfernt sind, fliegt die Biene insgesamt drei Kilometer. Dabei ist der Flug von Blüte zu Blüte während des Nektareinsammelns nicht einmal gerechnet. Für ein Kilogramm Honig muß sie also einen Weg von 450 000 Kilometern zurücklegen. Das entspricht einem zehnmaligen Flug um die Erde auf Höhe des Äquators. Um den Honigbedarf eines Deutschen, er beträgt im Jahr 1,4 Kilogramm, zu sammeln, sind 50 000 Bienen drei Frühlingswochen unterwegs, vorausgesetzt, es ist Flugwetter. Die Trachtbiene kommt dann in den Stock und übergibt ihr Sammelgut an die Stockbienen. Nun erst beginnt die komplizierte Weiterverarbeitung, die Umarbeitung des Nektars zu Honig.

Die heutige Art der Bienen ist sehr alt. In der Evolution liegt ihre Entstehung 70 Millionen Jahre zurück. Vor etwa 100 Millionen Jahren begannen sich die bedecktsamigen Pflanzen zu entwickeln, die die Biene zur Bestäubung benötigen.

Diese bedecktsamigen Pflanzen kamen nicht so häufig vor wie etwa Gräser, und die Befruchtung konnte nicht mehr dem Zufall und dem Wind überlassen werden. Bedecktsamige Pflanzen wie Apfel, Kirsche und Pflaume brauchten zum Transport der Pollen zur nächsten Pflanze die Hilfe von Insekten. Und so entstand die Biene, wie sie heute noch vorkommt. Mit ein bis zwei Millionen Jahren dagegen ist die Geschichte der Menschen relativ jung. Diese Menschen lebten vor der Erfindung des Ackerbaus von dem Nahrungsangebot, das sie auf ihren Streifzügen tagtäglich fanden. Sie waren Jäger und Sammler und lebten in Höhlen. Eine solche Lebensform erforderte wache Ohren, offene Augen, Geduld und Mut. So stießen diese frühen Menschen bei ihrer Nahrungssuche auf die Biene und natürlich auf die Wabe mit dem Honig und der Brut, die eine besondere Eiweißnahrung darstellt.

Die Erfahrungen mit der Biene und deren Produkten sind also sehr alt. Die Kulturvölker weit vor Christi Geburt hatten bereits entdeckt, daß Honig Heilkräfte besitzt, und begonnen, Bienen zu halten und zu züchten. Die Heilkräfte wurden häufig mit religiösen Handlungen verbunden. Leichname z. B. wurden mit Honig konserviert. Da die Heilkunde im Altertum grundsätzlich aus Erfahrungen entstand, wurde der Honig bei verschiedenen Leiden erprobt. So wurde Honig bei den Ägyptern zur Kräftigung, bei Magenleiden, als abführendes Mittel und mit Kräutern vermengt als Wundverband verwendet. Hippokrates verordnete Honig bei Fieber, zur Wundbehandlung und in der Diätetik. Bis ins Mittelalter blieb der Honig als Heilmittel mit hohem Stellenwert in der Heilkunde sehr wichtig. In der Volksmedizin ist er dies heute noch, aber in unserer modernen Medizin wird er als Heilmittel kaum noch verwendet. Allerdings hat man festgestellt, daß Haut, die transplantiert werden soll, sich sehr gut in Honig hält und zu über 90 Prozent tatsächlich wieder anwächst.

Als Süßmittel ist Honig im Vergleich zu früheren Jahrhunderten eher unbedeutend geworden. In Deutschland werden jährlich pro Kopf und Jahr 35 kg Zucker, aber nur 1 kg Honig verbraucht. Dies wurde ermöglicht durch Zuckerrohr und Zuckerrübe, die großindustriell angebaut und verarbeitet werden. Auf diese Art und Weise wird heute die Naschsucht des modernen Menschen befriedigt.

Wie in vielen anderen Bereichen ist jedoch die Qualität eines beschränkt zur Verfügung stehenden Naturproduktes der Quantität eines industriell gefertigten Massenproduktes gewichen. Im Falle des Zuckers, der durch Raffination entsteht, bleiben durch die Behandlung nur wenige Inhaltsstoffe erhalten. Honig aber enthält, wie an Instituten nachgewiesen werden konnte, zahlreiche natürliche Stoffe. Dies stimmt selbstverständlich nur für Honig, der naturbelassen ist. Solch ein Naturprodukt kann nicht industriell hergestellt werden bzw. die Kosten, ein Naturprodukt nachzuahmen, würden enorm sein. Immerhin sind im Honig über 180 Stoffe enthalten. Diese 180 verschiedenen Bestandteile sind u. a. über 100 Aromastoffe, die dem Honig je nach Sorte den charakteristischen Geschmack und Geruch verleihen. In Verbindung mit Obst und Gemüse verstärkt und ergänzt der Honig deren Geschmack.

Die Heilwirkung des Honigs steht über seiner Süßkraft. Neben dem süßen Wohlgeschmack hat der Honig eine lösende, reinigende, wundheilende und stärkende Wirkung. Er kann äußerlich und innerlich angewendet werden. Äußerlich wirkt der Honig direkt, wenn er mit dem erkrankten Körperteil in Berührung kommt. Das kann eine Auflage auf ein Geschwür oder eine Wunde sein. Die innere Wirkung erfolgt dadurch, daß der Honig den erkrankten Körper stärkt und ihn dadurch widerstandsfähiger macht.

In beiden Fällen spielt das Zusammenwirken verschiedener Stoffe eine große Rolle. Neben Aromastoffen enthält Honig Mineralien, Pollen, Enzyme, Inhibine, Vitamine und andere organische Verbindungen. Die Honigverordnung definiert Honig so: »Honig ist ein flüssiges, dickflüssiges oder kristallines Lebensmittel, das von Bienen erzeugt wird, indem sie Blütennektar, andere Sekrete von lebenden Pflanzenteilen oder auf lebenden Pflanzen befindliche Sekrete von Insekten aufnehmen, durch körpereigene Sekrete bereichern und verändern, in Waben speichern und dort reifen lassen.«

Im Klartext bedeutet das, daß der Honig zu 70 bis 80 Prozent aus Zuckern besteht, so daß viele Menschen, sogar Ernährungswissenschaftler, Haushaltszucker und Honig in einen Topf werfen. Tatsache ist aber, daß Honig Einfachzucker aufweist, wie Fruchtzucker und Traubenzucker. Die Fructose (Fruchtzucker) wird als Stärke in der Leber gespeichert und bei Bedarf in Glucose umgewandelt. Dieser Vorgang führt jedoch bei Verzehr von Honig nicht zu einer Fettleber, da das im Honig enthaltene Cholin diesem Prozeß entgegenwirkt. Die im Honig vorhandene Glucose kann im Körper innerhalb kürzester Zeit an den Ort des Verbrauchs gelangen, denn sie wurde von der Biene vorverdaut. Die Zucker sind im Honig leicht verdaulich, der Körper kann sie sofort aufnehmen, und sie wirken als schneller Kraftspender, ohne aufzuputschen. Außerdem sorgen die im Honig enthaltenen antibiotischen Stoffe dafür, daß der Honiggenuß nicht den menschlichen Zähnen schadet. Karies wird in der Regel nicht durch Honig ausgelöst, wenn dieser sachgemäß behandelt wurde.

Neben den Zuckern enthält Honig ca. 17 Prozent Wasser und die Enzyme Glucoseoxidase, Phosphatase, Invertase, Diastase und Katalase. Sie spalten Mehr- bzw. Zweifachzucker in Einfachzucker. Nur Einfachzucker können durch die Dünndarmwand direkt ins Blut gegeben werden. Enzyme sind sehr hitzeempfindlich. Die Invertase, das wichtigste Enzym des Honigs, schafft behutsam, was im Chemielabor nur mit Hitze und Säuren geschafft werden kann: Sie spaltet Zweifachzucker (Saccharose) in zwei Einfachzucker. Das Enzym selbst wird dabei nicht zerstört, sondern bleibt in einem Kreislauf der Spaltung erhalten.

In südlichen Ländern, bei unsachgemäßer Lagerung und Temperaturen über 40 Grad Celsius, geht dieses wichtige Enzym verloren. Die verträgliche Temperatur liegt für die anderen Enzyme etwas höher, dennoch überstehen sie die üblichen Kochtemperaturen nicht. Trotzdem wirken alle Enzyme, sobald sie mit anderen Nahrungsmitteln in Berührung kommen. Bei der Bereitung eines Kuchens gilt das bereits bei der Zubereitung des Teiges. Daher ist Honig als Zugabe zu Backwaren und anderen Nahrungsmitteln, die erhitzt werden, immer einem isolierten Zucker vorzuziehen.

An Vitaminen enthält Honig Vitamin C, B_1, B_2-Komplex, B_6, und H. Vitamine sind Enzymbestandteile, die von den Zellen, in denen sie wirksam werden, nicht selbst synthetisiert werden können. Sie müssen als fertige Moleküle transportiert werden. Die Vitamine der B-Gruppe haben als Hauptfunktion das Aufbrechen der mit der Nahrung aufgenommenen Kohlehydrate in Einfachzucker. Sie sind beteiligt am Aufbau der roten Blutzellen, wichtig für Gehirn- und Nervenfunktionen, für die Haut, Haare, Augen und die Leber. Sie ergänzen sich gegenseitig in ihrer Funktion und sollten daher ausgewogen eingenommen werden. Das geschieht durch den Honig in herausragender Weise. Das Vitamin C ist einer der wichtigsten Stoffe im gesamten Zellstoffwechsel. Es ist an der Bildung von Antikörpern beteiligt, an der Bildung der Hormone ebenso wie am Aufbau von Collagen. Vitamin C stärkt die Widerstandskraft gegen Krankheiten.

Die wichtigste hormonartige Substanz im Honig ist das Acetylcholin, einer der Überträgerstoffe im Nervensystem, der für den Parasympathicus durch Zügelung,

Regelung und Energienachschub die Dauerleistung unseres Körpers erst ermöglicht. Acetylcholin beeinflußt den Sympathicus, der die Leistung des Körpers auslöst. Für das Herz bewirkt Acetylcholin, daß es das für die Leistung des Herzmuskels unentbehrliche Kalium nicht vorzeitig verliert.

An Mineralien enthält Honig Kalium, Natrium, Calcium, Phosphor, Schwefel, Chlor, Eisen, Magnesium und Spurenelemente. Die Mineralien und Spurenelemente haben im Körper eine ähnliche Funktion wie Enzyme und Hormone. Sie greifen in verschiedene Kreisläufe im Körper ein, fördern bestimmte Aktionen oder bremsen diese. Mangan ist z. B. mitverantwortlich für den Kohlehydratstoffwechsel, Chrom bremst die zu schnelle Erhöhung des Blutzuckerspiegels nach Aufnahme von Glucose und verbessert die Wirkung von Insulin. Eisen ist als Bestandteil des Blutes wichtig, denn Blut transportiert den Sauerstoff. Der Einbau von Eisen ins Blut wird durch Kupfer ermöglicht, Magnesium gilt als Antistreßmineral, Kalium regt die Darmmuskulatur an, und Calcium ist für den Knochenaufbau wichtig. Phosphor ist als Lebensbaustein von besonderer Bedeutung. Der Tagesbedarf an Phosphor beträgt etwa 1,2 Gramm. Das hört sich an, als wäre das eine sehr kleine Menge, bedenkt man das Körpergewicht eines ausgewachsenen Menschen. Dennoch kann Phosphor manchmal im Körper fehlen. Phosphate sind im Körper im Blut und in den Geweben vorhanden. Sie dienen zum Aufbau lebenswichtiger Phosphatverbindungen. Phosphate sind in den Zuckerarten des Honigs und im Pollen enthalten. Diese Mineralien werden von den Pflanzen durch die Wurzeln aufgenommen und gelangen in alle Organe und in den Nektar, den die Bienen sammeln.

Die Säuren des Honigs, Glyconsäure und andere organische Säuren wie Apfel-, Zitronen- und Milchsäure, regen unter anderem die Verdauung an. Die Aminosäuren des Honigs, Prolin, Leucin, Isoleucin, Asparaginsäure, Glutaminsäure, Phenylalanin, Threonin, Alanin, Arginin, Histidin, Glycin, Lysin, Serin, Valin und Cystin, sind Derivate der Nucleinsäuren. Das Hormon Acetylcholin ist besonders für unser Nervensystem wichtig. Hormone sind Antriebsstoffe und werden in Drüsen gebildet. Sie gehören wie die Vitamine zum Lebensbereich. Von den Vitaminen unterscheiden sie sich dadurch, daß sie im Körper selbst gebildet werden. Die Hormone werden von den Drüsen direkt ins Blut abgegeben. Die Hormone aus den Bienenprodukten unterstützen im Körper des Menschen die Enzyme als Stoffwechselregulatoren. Die Inhibine, Flavonoide, Glucoseoxidase und

Wasserstoffperoxyd hemmen das Wachstum von Bakterien. Den Inhibinen verdankt der Honig seine bakteriziden Eigenschaften.

Die wertvollen Inhaltsstoffe des Honigs sind heute wissenschaftlich belegt. Es läßt sich hinreichend beweisen, daß Honig sehr wohl einem gewöhnlichen Zucker weit überlegen ist. Vor allem sportliche Menschen wissen seit der Antike, daß Honig verbrauchte Energie schnell zurückgibt. Sir Edmund Hillary, ein Imker aus Neuseeland, stärkte sich durch regelmäßigen Honiggenuß für sportliche Höchstleistungen. Bei seiner Erstbesteigung des Mount Everest im Frühjahr 1953 hatte er fünf Pfund Honig mit in seinem Bergsteigergepäck. Auf seinem Weg zum Gipfel stieß er auf ein Nahrungsmitteldepot, in dem er auch Honig vorfand, den eine Schweizer Expedition im Jahr vorher zurückgelassen hatte. Der Südpolarforscher Byrd hat für seine Reise zum Südpol 1929 sogar fünf Zentner Honig mitgenommen. In den sportlichen und kriegerischen Wettkämpfen der Antike hatte Honig die gleiche große Bedeutung. Die Wettkämpfer sahen in der Biene und im Honig eine Quelle der Weisheit und der sportlichen Leistung. Das Getränk der Griechen war Quellwasser, Ziegenmilch und Met, der Honigwein. Die Speise zur Kräftigung nach den Spielen bestand aus Gerstenmehl, geriebenem Käse, Wein und Honig. Die Wirkung des Honigs bei Sport und Wettkampf zeigt deutlich, daß nicht die Kalorien der Zuckerformen ausschlaggebend sind, sondern die ganz besondere Verbindung der verschiedenen Zuckerformen mit den vielen anderen Stoffen im Honig.

Aus der traditionellen Weihnachtsbäckerei ist Honig nicht wegzudenken. Daß man Honig für viele weitere Gerichte verwenden kann, wird im Rezeptteil deutlich.

Zuvor noch einige Hinweise zu den Honigsorten. Honig ist ein Naturprodukt, und daher schmeckt eine Sorte, genau wie es beim Wein der Fall ist, nicht jedes Jahr gleich. Neben den witterungsbedingten Geschmacksunterschieden gibt es sortenbedingte. Sie resultieren aus der Pflanze, von der die Biene den Nektar oder Honigtau einsammelt. So hat jede Region in Deutschland spezielle Honigsorten, wie etwa der Heidehonig in den Heideregionen Deutschlands, der Tannenhonig aus Süddeutschland und der Rapshonig aus Norddeutschland. Außerdem gibt es Kleehonig, Obstblütenhonig, Löwenzahnhonig, Robinien- bzw. Akazienhonig, Edelkastanienhonig und Waldhonig. Blütenhonige haben ein feines Aroma, Wald- und Tannenhonig hingegen sind würzig. Die verschiedenen Sorten geschmacklich zu beschreiben ist aber kaum möglich. Hier gilt: Probieren geht über studieren. Wieder läßt sich der Honig mit dem Wein vergleichen: welchen Honig man bevorzugt, findet man mit der Zeit durch Probieren heraus. Grundsätzlich sollten Sie Honig aus der Region, in der Sie leben, bevorzugt verwenden, weil dann die Bekömmlichkeit offenbar am höchsten ist.

Wer erstmals Rezepte mit Honig ausprobiert, sollte auf einen mild schmeckenden Honig zurückgreifen. So kann man sich langsam an die neue Geschmacksrichtung gewöhnen.

An dieser Stelle sei darauf hingewiesen, daß nur unverfälschter Honig die oben genannten Eigenschaften besitzt. Der ausgereifte Honig enthält Ameisensäure, die seine Haltbarkeit gewährleistet und ihm die hohe bakterientötende und fäulniswidrige Eigenschaft selbst bei langer Lagerung verleiht. Vor gärendem Honig ist man nur dann gefeit, wenn es sich um ein unverfälschtes Produkt handelt. Eine Verfälschung führt dazu, daß der Honig nicht nur in seinen Lagereigenschaften beeinträchtigt wird, sondern Geschmack und Bekömmlichkeit verliert. Wenn Sie bislang kein Honigfreund geworden sind, liegt dies nach unseren eigenen Beobachtungen meistens daran, daß Sie nur Honig minderer Qualität kennen. In einem Arzneibuch, das um die Jahrhundertwende in Nordhausen erschien, steht auf Seite 643 unter »Honig« zu diesem Thema folgendes: »Der Honig ist der von der Biene aus den Nektarien der Blüten gesammelte, in ihrem Körper verarbeitete, in besondere Zellen des Bienenstockes entleerte süße Saft. Der Honig wird vielfach verfälscht. Er wird nicht allein gemischt, sondern auch gänzlich nachgemacht. So werden Sorten wie türkischer Honig, Schweizerhonig und andere Fabrikate angepriesen, ohne auch nur die geringste Spur vom natürlichen Honig zu enthalten. Zur Verfälschung dienen Kartoffelsirup, Stärkezucker, Rohrzucker, Dextrin, Stärke, Met, Wasser, Tragant, Leim, Kreide, Gips, Wachs u.a.m., und ferner die zahlreichen mehr oder weniger schädlichen, ätherischen Stoffe, welche den Geruch und Geschmack des Honigs nachahmen sollen.«

Vor Honigfälschungen schützt man sich am besten dadurch, daß man seinen Honigbedarf nur bei einem persönlich bekannten Imker deckt. Die Mitglieder der Imkervereine stehen außerdem unter einer strengen Verbandskontrolle und schließen jeden Fälscher sofort aus. Honig eines Imkers des Imkerverbandes erkennt man an der grünen Banderole.

Die Kristallisation des Honigs ist übrigens ein natürlicher Prozeß und bezeichnet nicht, wie oft von Laien vermutet, Honig minderer Qualität. Vielmehr kristallisieren bestimmte Honige sofort nach der Ernte (z. B. Kleehonig). Andere Sorten, wie z. B. der Tannenhonig, kristallisieren erst nach Jahren. Das liegt an dem unterschiedlichen Verhältnis von Trauben- und Fruchtzucker. Ist der Traubenzuckeranteil höher, kristallisiert der Honig schneller und fester aus. Durch vorsichtiges Erwärmen des Honigs im Wasserbad (nicht über 40 Grad Celsius!) wird der Honig wieder weich.

Den direkten Nutzen für den Menschen, der durch die Honigbiene und deren Produkte entsteht, wissen viele Verbraucher zu schätzen. Der indirekte Nutzen durch die Bestäubungsaktivität der Bienen hat aber, biologisch und volkswirtschaftlich gesehen, einen erheblich größeren Stellenwert. Ein Versuch macht deutlich, gesicherte Bestäubung hat mehr und bessere Früchte zur Folge (AID 1097):

bei Kirschen	durch Wind	durch Bienen
Versuch 1	1,8 kg	18 kg
Versuch 2	1,0 kg	18 kg
Versuch 3	1,4 kg	60 kg

Dieser Versuch belegt eindrucksvoll, daß die Bestäubung durch die Bienen den Ertrag verbessert. Wanderwagen mit Bienen werden daher in Obstplantagen oder an Rapsfeldern eingesetzt.

Die Honigbiene ist zur Befruchtung der Obstbäume, Beerensträucher, Raps, also aller bedecktsamigen Pflanzen, unentbehrlich.

Zucker

Sie werden sich vielleicht wundern, daß ein Rezeptbuch für Honig dem stärksten Konkurrenten, nämlich dem Raffinadezucker, ein Kapitel widmet. Der Haushaltszucker ist so weit verbreitet wie kaum ein anderes Nahrungsmittel. Er ist ein preiswertes Süßmittel, hat jedoch für unser Stoffwechselgeschehen viele negative Auswirkungen. Wie soll man aber diese bewerten, wenn man nichts über den Zucker weiß? Deshalb also dieses Kapitel.

Die Geschichte des Zuckers ist im Vergleich zum Honig zwar relativ jung, jedoch immerhin 6000 Jahre alt. In Ostasien war Zuckerrohr zu dieser Zeit bereits bekannt. Schon 300 Jahre n. Chr. konnten die Inder aus Zuckerrohrstückchen den Saft herauspressen. Durch Kochen des Saftes verdampfte das Wasser, und ein süßer Sirup entstand. Ungefähr 300 Jahre nach der Entwicklung dieses Verfahrens begann man in Persien, festen Zucker herzustellen. Durch mehrfaches Kochen, Abpressen und Kristallisieren entstand ein von Nebenprodukten befreiter Zucker. Erst auf den Kreuzzügen lernten die Kreuzritter Zucker kennen, eine Substanz, die dem Salz ähnlich sah und deshalb süßes Salz genannt wurde. Der übliche orientalische Name Zucra blieb bis heute als Zucker erhalten. Über den Orienthandel gelangte dieser Zucker, der zunächst bis ins 18. Jahrhundert als braune Rohware verschifft wurde, nach Europa. In Raffinerien wurde er zu weißem Zucker verarbeitet und blieb lange Zeit, in kostbare Dosen verschlossen, das Privileg und der Luxus der Reichen. Abhängig war die Erzeugung von Zucker vom Zuckerrohr, das nur unter tropischen und subtropischen Bedingungen wächst. Erst 1747 gelang es Andreas Sigismund Marggraf, in verschiedenen Rübensorten Zucker zu finden. 1801 baute Franz Carl Archard in Cunern in Schlesien die erste Rübenzuckerfabrik der Welt. Das Monopol des Zuckerrohrs war gebrochen. Der Zucker begann seinen Siegeszug um die Welt.

Der bei der Raffination entstandene Zucker ist fast zu 100 Prozent sogenannte Saccharose. Saccharose ist ein Zweifachzucker wie Malzzucker (Maltose) und Milchzucker (Lactose). Zweifachzucker müssen erst in Einfachzucker aufgespalten werden, um dem Körper zur Verfügung zu stehen. Isolierte Stoffe kommen aber in der Natur normalerweise nicht vor und bereiten im Organismus Schwierigkeiten. Bei Verzehr von Honig hingegen wird nicht nur gesüßt, sondern es werden Enzyme, Spurenelemente und Mineralien mitgeliefert, die für die Verdauung benötigt werden. Isolierte Stoffe können sehr schnell dazu führen, daß der Körper aus dem Gleichgewicht kommt. Außerdem ist Zucker für Bakterien und Pilze der beste Nährboden, um sich auszubreiten. Kein Wunder also, wenn beim Genuß von normalem Zucker Karies entstehen kann.

Die Vorteile des Raffinadezuckers kann man in unseren Augen nur in Verbindung mit der Verwendung in industriellen Prozessen begründen. Der Einsatz von Zucker bei der Herstellung von Getränken und Lebensmitteln erfolgt in erster Linie aus Geschmacksgründen. Das liegt aber wiederum daran, daß bei Erhitzungs- und Verarbeitungsprozessen Geschmacksstoffe verlorengehen oder gar Früchte verwendet werden, die noch nicht die volle Reife und somit vollen Geschmack erreicht haben. In Marmeladen und Gelees sorgt der Zucker dafür, daß die Farbe erhalten bleibt, und gibt Konsistenz und Struktur. Hier kann die Verwendung durchaus positiv sein und macht im täglichen Verzehr auch nur eine geringe Menge aus. 6,3 Prozent des 1992/93 verwendeten Zuckers wurden für Brotaufstrich und Obstkonserven eingesetzt.

Der Löwenanteil an Zucker verschwindet aber in Süßwaren einschließlich Dauerbackwaren und Erfrischungsgetränken. Diese beiden Produkte machen gemeinsam 43,9 Prozent des in der Bundesrepublik verarbeiteten Zuckers aus. Des weiteren werden im bundesdeutschen Haushalt 22,3 Prozent der Gesamtmenge von 35 kg pro Kopf und Jahr verarbeitet.

Gerade bei den großen Posten der Zuckerverarbeitung, Süßwaren, Haushalt und Erfrischungsgetränke, kann man den Zuckerverbrauch stark reduzieren. Dieses Buch wird Ihnen zahlreiche Vorschläge dazu machen. Schließlich sind wir alle Zuckerschlecker, aber das muß ja nicht heißen, daß wir Raffinadezuckerschlecker sind. Unsere Naschsucht soll uns nicht krank machen, sondern körperliches und geistiges Wohlbefinden erhalten. Das kann durch Süßen erreicht werden, denn ein chinesisches Sprichwort sagt: »In anstrengenden Zeiten süße den Tee.« Übrigens, falls Sie ein schlechtes Gewissen haben sollten, weil Sie so gerne Süßes essen: diese Vorliebe wird uns mit in die Wiege gelegt, denn nicht nur die Milch der Mutter schmeckt süß, sondern bereits das Fruchtwasser ist von süßem Geschmack. So erklärt sich auf einfache Weise der erhöhte Süßigkeitenverzehr in kritischen Lebenslagen, aber auch an Feiertagen: der süße Geschmack steht direkt in Verbindung mit der Erinnerung an die Geborgenheit des Mutterleibes!

Salate und Gemüse

Die Verwendung von Honig bei der Zubereitung frischer Salate ist besonders wertvoll. Honig im Dressing wird nicht erhitzt. So bleiben alle Nährstoffe erhalten. Auch die Beigabe von Honig zu Gemüse verbessert den Nährwert dieser Gerichte. Die meisten Menschen werden zustimmen, daß Gemüse und Salat zu warmen Gerichten als Farbtupfer den Appetit anregen. Doch das ist noch lange nicht alles, was ein Salat oder Gemüse in einer oder als eine Mahlzeit sein kann. Der Salat fristete nicht immer ein solch trauriges Außenseiterdasein. Im Europa des 18. Jahrhunderts waren Salate den Adligen vorbehalten. Erst nach der Französischen Revolution konnten Küchenchefs Salate auch für den »gewöhnlichen« Bürger zubereiten, und sie sind heute aus der klassischen französischen Küche nicht wegzudenken. Grüne Salate sind schon im Römischen Reich bekannt gewesen. Das Wort Salat hat seine Wurzeln in dem lateinischen Wort »sal«, welches Salz bedeutet. Und eben damit würzten die Römer ihre grünen Salate. Heutzutage verwenden viele Hausfrauen der Einfachheit halber Fertigsaucen. Dies verleidet so manchem Menschen den Genuß eines frischen Salates, denn der in den Saucen verwendete Branntweinessig, die modifizierte Stärke, Verdickungsmittel, Farbstoffe etc. sind oftmals schwer verdaulich. So wird aus einem leichten Salat eine bleischwere Bombe, die stundenlang im Magen hin und her bewegt wird.

Dabei kann man gerade bei der Zubereitung von Dressings für frische Salate prima experimentieren. Geschmackliche Abwandlungen durch die Zutaten lassen sich bei Salaten sehr gut erzielen. Ersetzen Sie doch einmal Ihren üblicherweise benutzten Essig durch einen Himbeeressig. Er ist mild und fruchtig im Geschmack. Der Balsamessig, ein italienischer Traubenmostessig, gibt dem Salat einen südlichen Charme.

Der frische Geschmack von Apfel- bzw. Obstessig eignet sich hervorragend für alle Salate. Er ist besonders gesund, denn in ihm sind alle Mineralien und Spurenelemente des Apfels enthalten. Vermeiden Sie die Verwendung von handelsüblichem destilliertem Essig (Branntweinessig). Er hat einen hohen Essigsäurespiegel, ist daher nicht bekömmlich und für Salatsaucen ungeeignet.

So wie Salz und Pfeffer gehören auch Essig und Öl zusammen. Olivenöl bekommt man heutzutage in fünf Qualitätsbezeichnungen, die die Verarbeitungsart zur Grundlage haben:

- Extra feines naturreines Olivenöl hat das intensivste Aroma. Es wird durch Kaltpressung gewonnen und eignet sich am besten für Salate.
- Naturreines Olivenöl wird ebenfalls durch Kaltpressung gewonnen und hat ein milderes Aroma.
- Reines Olivenöl wird durch Raffination gewonnen, d.h. es wird aus erhitztem und lösemittelbehandeltem Olivenbrei hergestellt. Es ist zwar preiswert, sollte aber wegen der thermischen und chemischen Behandlung lieber nicht benutzt werden.
- Feines Olivenöl wird ebenfalls durch Raffination gewonnen und kann zum Braten benutzt werden.
- Extra-extrafeines Olivenöl ist zwar wertvoll, da es bei den ersten Drehungen der Presse gewonnen wird, aber es ist für Salate zu schwer.

Olivenöl verdient in der modernen Küche besondere Beachtung. Heute läßt sich wissenschaftlich nachweisen, daß Olivenöl gut fürs Herz ist, das schlechte LDL-Cholesterin verringert, das HDL-Cholesterin erhöht, das Blut verdünnt, chemische Stoffe enthält, die das Altern und Krebs verzögern und den Blutdruck senken. So hebt zum Beispiel ein Eßlöffel Olivenöl die cholesterinsteigernde Wirkung von zwei Eiern auf. Schade, daß die Schadstoffbelastung von Olivenöl immer wieder Negativreklame gemacht hat und so vielen Menschen den Genuß von Olivenöl vergällt. Es wird heutzutage immer schwieriger, sich im Dschungel der angebotenen Ware zurechtzufinden. Geprüfte Ware mit amtlichem Siegel ist nicht immer eine Gewähr für einwandfreie Qualität. Im Falle des Olivenöles gibt es jedoch Kräuterladen, die schadstoffgeprüftes Öl verkaufen.

Lange vor der Zeit, in der Oliven für die Ölgewinnung herangezogen wurden, stellte man Öl aus anderen Samen wie Lein oder Radieschen her, in Asien wurden Kokosnüsse und Sojabohnen verwendet. Heute gewinnt man Öle außerdem aus Erd-, Hasel- und Walnuß, aus Mandeln, Weintraubenkernen, Sesam, Sonnenblumen, Mais, Distelsamen, Weizenkeimen und Baumwollsamen. Für einen milden Salat eignen sich besonders Sonnenblumenkern-, Weizenkeim-, Mais-, Distel- und Sojaöl. Aber auch Haselnuß- und Mandelöle sind leicht und haben einen aromatischen Geschmack.

Essig und Öl für die Zubereitung eines Salates sollten eine gute Qualität haben. Bitte denken Sie immer bei der Zubereitung von Speisen daran, daß die Nahrung Ihre Lebensabläufe erhält und von innen heraus Ihre Schönheit und Ausdruckskraft ausmacht. Ungespritzte Nahrungsmittel kann sich jeder leisten, wenn der Fleischkonsum gesenkt wird. Dazu lesen Sie bitte das Kapitel über Fleisch und Fisch. Gemüse und Salate, die unter Industriebedingungen wachsen, haben nicht soviel Zeit wie biologische Gemüse und Salate. Um die Zeit des Wachstums zu verringern, wird Stickstoff zur Düngung eingesetzt. Das hat zur Folge, daß solche Pflanzen zwar schnell eine stattliche Größe erreichen, aber im Vergleich zu biologisch erzeugtem Gemüse bis zu 20 Prozent mehr Wasser enthalten. Der hohe Wasseranteil im Gewebe der Pflanzen jedoch geht zu Lasten der Resistenz der Pflanzen. Sie werden anfälliger gegen Pilze, Bakterien, Viren und Insekten. Daher wird im konventionellen Anbau von Gemüse, Salat und Obst der Einsatz von Pflanzenschutzmitteln erforderlich. Solche Ware entspricht nach unseren heutigen Bestimmungen der Handelsklasse I, denn sie ist groß, gut gefärbt und hat eine einwandfreie Oberfläche.

Da wir Menschen häufig mit dem Auge kaufen, stehen die teilweise kleineren Biofrüchte hintenan. Doch beim Vergleich von Geschmack und Inhaltsstoffen wie Vitaminen, Mineralien und Spurenelementen zieht das Bioprodukt in Meilenstiefeln an herkömmlicher Ware vorbei. Ihr Salat wird also immer so gut sein wie die Zutaten, die Sie verwenden. Erdbeeren, die trocken sind, Tomaten, die wäßrig schmecken, Blumenkohl, der im Topf unangenehm riecht, und saft- und kraftloser Blattsalat sind nicht gerade dazu geeignet, einen schmackhaften Salat herzustellen. Natürlich geht es nicht nur um die geschmackliche Seite, denn einige der Pflanzenschutzmittel reichern sich im Gewebe von Tier und Mensch an. In Israel bringt man z. B. die Verwendung von DDT mit Brustkrebs in Verbindung. In Deutschland gibt es zwar ein Verbot von DDT, aber im Ausland wird es weiter benutzt und kommt in den Früchten wieder zu uns.

Im übrigen ermöglicht Bio-Gemüse eine bessere Vorratshaltung. Durch den niedrigen Wassergehalt reicht es, einmal in der Woche auf dem Markt oder direkt beim Bauern Frischgemüse einzukaufen, ohne daß es verdirbt. Kaufen Sie so ein, daß in Ihrem Einkaufskorb Gemüse enthalten sind, die Sie zuerst verbrauchen, wie Blattsalate, Keimlinge und Pilze, und Gemüse, die länger frisch bleiben, wie Möhren, Kohl und Porree. Kartoffeln sollten Sie immer im Haus haben. Sie haben weniger Kalorien als Reis und Nudeln und bieten viele Mineralien, Eiweiß und die Vitamine B_1, B_2, B_6, C und A. Gerade Vitamine reagieren lichtempfindlich, so daß Gemüse und Obst am besten lichtgeschützt aufbewahrt werden. Andere Vitamine sind sauerstoffempfindlich und nehmen das Zerteilen vor der eigentlichen Mahlzeit sehr übel. Frische Zutaten erfordern also eine besondere Behandlung.

Alle Pflanzen speichern die Energie der Sonnenstrahlen mit Hilfe der Photosynthese in ihren Zellen. Beim Kochvorgang geht von dieser Energie sehr viel verloren, so daß Obst, Gemüse und Kräuter nach Möglichkeit so wie sie gewachsen sind, verzehrt werden sollten. Eine Ausnahme ist da sicherlich die Kartoffel, deren Stärke unsere Geschmacksnerven beleidigt, und die Bohne, die im rohen Zustand schädigende Stoffe enthält. Grundsätzlich sollte man versuchen, Vitaminschonend zu kochen. Dafür gibt es spezielle Kochtöpfe. Schütten Sie niemals das Kochwasser weg! Vor dem Essen getrunken, regt es die Verdauungssäfte an und die aus dem Kochgut ins Wasser gespülten Inhaltsstoffe gehen nicht im Abfluß verloren, sondern bleiben für den Organismus erhalten.

Die Krönung eines jeden Salates ist dann der goldfarbene Honig. Er ist schon allein für sich, wie eingangs beschrieben, ein hochwertiges Nahrungsmittel. Zusammen mit Gemüsen und Salaten kann sich sein Aroma voll entfalten. Außerdem ist es der Honig, der es schafft, Öl und Essig ähnlich einer Emulsion miteinander zu verbinden, d.h. es entsteht nicht ein flüssiges Dressing mit wäßriger Konsistenz, sondern ein sämiges Dressing, das besser an den Blättern des Salates haften bleibt. Die verschiedenen Zucker des Honigs verstärken den Eigengeschmack der Gemüse. Das kann die Saccharose allein, also unser Industriezucker, niemals erreichen. Im Gegenteil: Zur Verarbeitung des Industriezuckers im Körper werden viele der Vitamine benötigt, die wir ihm durch den Salat eigentlich zuführen wollten! Häufig wird auf die Verwendung von Honig in Dressings verzichtet, weil die Befürchtung besteht, er sei nicht löslich. Diese Befürchtung ist unbegründet, denn alle Zucker sind in Flüssigkeit löslich.

Hier sei einmal darauf hingewiesen, daß Milchprodukte, vor allem im Dressing, u.U. nicht für Erwachsene geeignet sind. Es gibt Hinweise darauf, daß Milchprodukte von erwachsenen Tieren und Menschen nicht verdaut werden können. Beobachten Sie sich selbst, ob Sie nach dem Verzehr von Milchprodukten eine unangenehme Schleimbildung im Rachenraum bemerken oder gar Durchfall bekommen, und entscheiden Sie dann, ob Sie für Ihren Salat ein Dressing mit oder ohne Sahne verwenden. Grundsätzlich wird das Dressing unmittelbar vor der Mahlzeit über den Salat gegossen.

Wie bereits erwähnt, enthalten alle Gemüse und Kräuter heilkräftige Wirkstoffe. Es kommt also bei der Zubereitung von Salaten mit Gemüse, Pilzen, Kräutern und Blattsalaten darauf an, diese heilkräftige Wirkung zu unterstützen und zu erhalten. Im folgenden Kapitel werden die verschiedenen heilkräftigen Wirkungen und die am häufigsten verwendeten Gemüse erläutert.

Artischocke

Die alten Ägypter im 8. Jahrhundert vor unserer Zeitrechnung verzehrten die verdickten Blütenkörbe verschiedener Distelarten sowie die der Artischocke, die zu den Korbblütengewächsen gehört. Im 15. Jahrhundert taucht die Artischocke erstmals in Italien auf. Verzehrt werden der Blütenboden und die fleischigen Hüllblätter. Die Artischocke enthält Glycoside, Bitterstoffe und entzündungshemmende Flavonoide und Gerbstoffe. Der gesamte Stoffkomplex wirkt sich günstig auf eine kranke Galle aus und verbessert so die entgiftende Tätigkeit der Leber. Bitterstoffe regen reflektorisch die Speichel- und Magensaftsekretion an. Das wiederum wirkt positiv auf die Motorik von Magen und Dünndarm und fördert die Bildung des Pankreassaftes (Bauchspeicheldrüse). Zudem werden der Cholesteringehalt im Blut herabgesetzt und der Blutzuckerspiegel verbessert.

Allerdings: Bitterstoffhaltige Nahrungsmittel können Magenbeschwerden verursachen. Das gilt neben der Artischocke auch für Löwenzahn.

Überbackene Artischocken

4 große Artischocken	*1/4 l Bechamelsauce*
Salz	*Pfeffer, Salz, Muskatnuß*
300 g Blumenkohl	*1 TL Honig*
1 EL Butter	*Saft einer Zitrone*
250 g Champignons	*100 g geriebener Emmentaler*

Äußere Blätter und Stiele der Artischocke entfernen. Das obere Drittel der Artischockenblätter mit einer Küchenschere abschneiden, das nicht eßbare Innere mit einem Löffel herausschaben. Artischocken in einem Topf mit viel Salzwasser 30 Minuten kochen. Für die Füllung Blumenkohl waschen und grob hacken, Butter zerlassen, Blumenkohl darin dünsten. Champignons putzen, hacken und mit Béchamelsauce zum Blumenkohl geben. Gewürze, Honig und Zitronensaft hinzufügen und bei kleiner Hitze 10 Minuten garen. Fertige Artischocken aus dem Wasser heben, abtropfen lassen und in gefettete feuerfeste Formen setzen. Artischocken mit dem Blumenkohl füllen, restliche Füllung um die Artischocken verteilen, mit Käse bestreuen und bei 200 Grad 15 Minuten backen.

Artischocken in Tomatensauce

3 EL Olivenöl	Salz, Pfeffer
1 Knoblauchzehe	10 kleine Artischockenböden
800 g Tomaten	1/2 Zitrone
3 EL Tomatenmark	1 EL Honig

Öl in einem Topf erhitzen, Knoblauch abziehen und auspressen, in das Öl geben. Tomaten waschen, Stielansatz entfernen, blanchieren, pellen, würfeln und zum Öl geben. Tomatenmark und Gewürze einrühren. Artischocken schälen, aus den Böden das Heu entfernen und mit Zitrone abreiben. In die Sauce geben und im geschlossenen Topf kochen lassen. Mit Zitrone und Honig geschmacklich abrunden. Wer bislang keine Erfahrung mit Artischocken hat, kann für dieses Rezept Artischockenböden aus dem Glas verwenden.

Artischocken mit Dip

4 Artischocken	1 EL gehackte Petersilie
Zitronensaft	9 EL Olivenöl
Salzwasser	
	Mayonnaise:
Vinaigrette:	3 Eigelb
3 EL Weißweinessig	1 EL Estragon-Essig
Salz, Pfeffer	200 ml Öl
1 TL Senf	75 g Joghurt
1 TL Honig	1 TL Honig
1 feingehackte Schalotte	1/2 TL Senf

Artischocken waschen, Stiel abschneiden und mit Zitronensaft abreiben. Artischocken in Salzwasser 30 Minuten kochen. Unterdessen die Dips vorbereiten. Essig, Salz, Pfeffer, Senf, Honig, gehackte Schalotte, Petersilie und Olivenöl zu einer Vinaigrette verrühren. Aus den anderen Zutaten eine Mayonnaise rühren. Die Artischockenblätter in die Dips tunken und mit dem Fleisch ablutschen.

Blattsalat

Salat enthält Lactuin, ein Heilstoff, der beruhigende Wirkung hat. Dieses Lactuin war als Lactuarium schon 400 v. Chr. bekannt! Ein angerichteter Kopfsalat, abends gegessen, wirkt positiv bei nervösen Erregungen und Schlaflosigkeit. Das wußten schon die Perser, Griechen und Römer im Altertum. Der positive Einfluß des Blattgrüns wird für die Blutdrucksenkung eingesetzt. Das Volumen eines Blattsalates ermöglicht einen schmerzlosen Stuhlgang. Kalium und Calcium wirken harntreibend. Besonders bei Entfettungskuren ist Blattsalat wichtig, denn durch das Volumen fühlt man sich früher satt.

Der Kopfsalat war in unseren Breiten das erste unter Glas getriebene Gemüse. Diese Anbauart hat sich bis heute erhalten. Von November bis April kommt Kopfsalat aus dem Treibhaus und hat daher in der Regel einen hohen Nitratwert. Es ist dann besser, auf die Herbst- oder Wintersalate (Feldsalat) auszuweichen. Endivie enthält neben den Vitaminen und Mineralstoffen noch einen Bitterstoff und ist somit appetitanregend und gallefußfördernd. Das gleiche gilt für den roten Radicchio. Aus Löwenzahn läßt sich ein besonders knackiger Salat zubereiten. Die Wirkstoffe des Löwenzahns wirken zudem anregend auf Leber und Niere. Die harntreibende Wirkung ist es allerdings, die Löwenzahnsalat ungeeignet für Schwangere macht. Ansonsten ist ein Löwenzahnsalat im Frühjahr unvergleichlich. Im Spätsommer empfiehlt es sich, die Blätter eine halbe Stunde in warmes Salzwasser zu legen und so die Bitterstoffe zu entziehen. Ein weiterer köstlicher Salat, der im Frühjahr schmeckt, ist ein Gänseblümchensalat. Er wirkt reinigend und entschlackend.

Das Lactuin ist übrigens fettlöslich und daher nur wirksam, wenn der Salat mit Öl angemacht wurde.

Viele Hausfrauen und -männer glauben, daß das Herz eines Salates der wertvollste Teil des Salatkopfes ist. – Weit gefehlt! Hier ist der Nitratgehalt am höchsten, während in den Außenblättern der Vitamin-C-Gehalt sehr hoch ist.

Löwenzahnsalat

100 g grüner Salat
100 g Radicchio
200 g Löwenzahnblätter
2 rote Zwiebeln
1 Bund Brunnenkresse oder
4 Blätter Kapuzinerkresse

2 EL Senf
1 EL Essig oder Zitrone
4 EL saure Sahne
3 EL Öl
Salz, Pfeffer
2 EL Honig
geschnittene Zitronenmelisse

Salate putzen und zerteilen. Zwiebeln würfeln und Kresse hacken (nicht zu fein). Aus den anderen Zutaten eine Sauce herstellen und über die Salatblätter geben. Mit Zitronenmelisse bestreuen.

Feldsalat mit Kartoffel

300 g Feldsalat

1 gekochte Kartoffel
2 EL saure Sahne
1 EL Apfelessig

1 EL Öl
2 EL Honig
1 Zwiebel
eventuell etwas Milch

Feldsalat waschen, putzen und abtropfen lassen. Kartoffel auf einem Brettchen mit einem Messer fein streichen und zu den restlichen Zutaten geben. Daraus eine Marinade bereiten. Ist sie zu fest, etwas Milch hinzufügen. Salat in einer flachen Schüssel anrichten und die Sauce in die Mitte geben.
Dazu Pellkartoffeln mit Butter und Rührei oder Omelette.

Eisbergsalat mit Orangen

2 Orangen
1 Eisbergsalat (klein)
3 Frühlingszwiebeln

2 Zitronen
Salz, Pfeffer
2 EL Honig
2 EL Öl
3 EL Amaretto
3 EL saure Sahne

Orangen schälen, aber möglichst nicht filetieren (siehe Kapitel Obst unter Orange), Salat waschen und in mundgerechte Stücke zupfen. Zwiebeln in Ringe schneiden und diese Zutaten in einer Schüssel mischen. Aus den restlichen Zutaten die Sauce bereiten, die über den Salat gegeben wird.

Lollo rosso mit Honig-Limetten-Sauce

2 Köpfe Lollo rosso
1 Limette
3 EL Crème double

1 EL Honig
1/2 EL Öl
Salz, Pfeffer

Lollo rosso waschen und in mundgerechte Stücke zupfen. Limette auspressen und mit den restlichen Zutaten und dem Saft eine Sauce bereiten.
Auf Tellern anrichten und zu Fisch reichen.

Eichblattsalat mit Käse

100 g Doppelrahmfrischkäse
50 g Edelpilzkäse (mild)
Pfeffer
1 Kohlrabi (klein)
1 EL Butter
6 EL Wasser
Salz

3 EL Sesam
1 Eichblattsalat
3 EL Kräuteressig
1 EL Weinbrand
1 EL Honig
5 EL Sonnenblumenöl

Frischkäse und Edelpilzkäse mit einer Gabel zerdrücken, mit Pfeffer würzen, zu einer Rolle formen und kalt stellen. Kohlrabi putzen, schälen und halbieren, in dünne Scheiben schneiden und in zerlassener Butter mit 6 EL Wasser dünsten. Sesam in einer Pfanne ohne Fett rösten. Salat putzen, waschen und in Stücke rupfen. Auf 4 Tellern Blattsalat mit Kohlrabi anrichten. Von der Käserolle Scheiben abschneiden, auf den Tellern verteilen. Aus den restlichen Zutaten eine Sauce bereiten und auf die Teller gießen. Mit Sesam bestreuen. Anstelle des Sesams können knackige Nüsse verteilt werden.

Romanasalat

1 Staude Romanasalat
1 Zwiebel

2–3 EL Rotweinessig
Salz, Pfeffer

2 zerdrückte Knoblauchzehen
3 EL Olivenöl
1 EL Honig
Thymian
2 EL Käseraspel

Salat waschen, putzen und in Stücke zupfen. Zwiebel in hauchdünne Ringe schneiden. Aus den übrigen Zutaten eine Marinade bereiten und über den Salat gießen.

42

Radicchio mit Cocktailsauce

3 kleine Köpfe Radicchio
1 Apfel oder 2 Mandarinen
oder 1 Apfelsine

1 Becher Sauerrahm
1 TL Honig

1 EL Tomatenmark
Saft einer Zitrone
Salz, Pfeffer
1 Schuß Cognac
ein Spritzer Tabasco

Radicchio gut waschen, Blätter abzupfen. Mandarinen schälen und in Würfel schneiden. Sauce zubereiten, mit Radicchio und Mandarine vermengen.

Endiviensalat mit Käse

100 g mittelalter Gouda
1 rote Paprika
1 Tomate
1 Kopf Endiviensalat

2 EL Weinessig
1 TL Senf
1 TL Honig
Salz, Pfeffer, Paprikapulver
3 EL Nußöl

Gouda, Paprika und Tomate in feine Streifen schneiden, mit den Blättern des Endiviensalates vermengen. Aus den restlichen Zutaten eine Marinade bereiten und über den Salat geben. Käse raspeln und darauf verstreuen.

Chicorée

Chicorée gehört botanisch gesehen zu den Korbblütengewächsen. Die Stammpflanze des Chicorée ist die wilde Zichorie, auch als Gemeine Wegwarte bekannt. Die Wegwarte fällt in der Mitte des Sommers durch ihre blauen Blüten am Wegrand auf. Während bei der Wegwarte die Wurzeln wegen ihres hohen Gehaltes an Insulin geschätzt werden, wird der Chicorée bzw. der bei uns bekannte Salatchicorée wegen der im Dunkeln getriebenen Blätter gezogen. Aus diesen hellgelben Blättern können herzhafte Salate hergestellt werden oder ein gedünstetes Gemüse. Da der Chicorée viele Bitterstoffe enthält, wird er in der Regel ohne Essig zubereitet. Bitterstoffe regen die Leber- und Galletätigkeit an. Chicorée enthält doppelt soviel Folsäure wie Tomaten. Folsäure gehört strenggenommen zur Gruppe der B-Vitamine und ist wichtig im Frühstadium einer Schwangerschaft, da sie beteiligt ist an der Umwandlung von Proteinen in Aminosäuren. Die Leber kann Folsäure zwar drei bis vier Monate speichern, aber der Vorrat muß immer wieder aufgefüllt werden. Mit Chicorée ist das möglich, wenn die Leber in ihrer Funktion nicht beeinträchtigt ist.

Gebräuchlich ist es, den Mittelkeil herauszuschneiden; allerdings sind in ihm die wertvollsten Bitterstoffe zu finden.

Chicoréesalat mit Erdbeeren

500 g Chicorée
500 g Erdbeeren
6 EL Zitronensaft
3 TL Honig

1 TL grüne eingelegte
Pfefferkörner
2 Becher Joghurt
Zitronenmelisse

Chicorée und Erdbeeren waschen und putzen, Chicorée in Streifen schneiden, eine Schale damit auslegen. Erdbeeren vierteln und darauf verteilen. Aus den restlichen Zutaten ein Dressing zubereiten und über dem Inhalt der Schale verteilen. Mit Zitronenmelisse verzieren.

Chicorée orientalisch

400 g Chicorée   125 ml Sahne
1 Mango   Saft einer Apfelsine
1 Apfelsine   2 TL Honig
1 Banane   Salz, Pfeffer
2 EL Zitronensaft   50 g Pinienkerne

Chicorée und Früchte in kleine Streifen schneiden, sofort mit Zitronensaft beträufeln. Aus Sahne, dem Saft der Apfelsine, Honig, Salz und Pfeffer ein Dressing bereiten und in einer Schüssel mit den Früchten und dem Chicorée vermengen. Pinienkerne in einer Pfanne ohne Fett rösten und über den Salat streuen.

Chicoréesuppe

500 g Chicorée   2 TL Zucker
750 ml Gemüsebrühe   Salz, Pfeffer, Muskatnuß
2 Eigelb   Honig
125 ml Sahne   Knoblauchcroutons

Chicorée waschen, Strunk entfernen und in Streifen schneiden. In Gemüsebrühe kochen, einige Eßlöffel der Streifen beiseite stellen, Rest pürieren. Mit Eigelb und Sahne binden, die restlichen Streifen wieder hinzufügen und mit Gewürzen und Honig abschmecken. Mit Croutons servieren.

Klassischer Chicoréesalat

250 g Chicorée
2 Äpfel
1 EL Himbeeressig
4 EL Öl

4 TL Wasser
1 EL Honig
Salz, Pfeffer
1 EL saure Sahne

Chicorée waschen, Strunk entfernen, in Streifen schneiden. Äpfel waschen, Kerngehäuse entfernen und mit der Schale in Stifte schneiden. Sofort mit Himbeeressig beträufeln. Aus den restlichen Zutaten ein Dressing bereiten, Salat und Dressing vermengen.

Chicorée mit Spiegelei

1 kg Chicorée
75 g Butter
Salz, Pfeffer
2 TL Honig

1 TL Zitronensaft
4 Eier
1 Bund Petersilie

Chicorée putzen, waschen, bitteren Strunk herausschneiden. In Ringe schneiden und mit Butter, Salz und Pfeffer in einer Pfanne vermengen, Honig und Zitronensaft hinzufügen und zugedeckt 5 Minuten garen lassen. Deckel von der Pfanne nehmen, Eier in 4 Vertiefungen stocken lassen. Mit gehackter Petersilie bestreuen.
Dazu Kartoffeln und ein milder Salat.

Chicorée weiß/rot

250 g Chicorée	*Salz, Pfeffer*
2 Radicchioköpfe	*2 TL Honig*
1 Apfel	*1 EL Balsamessig*
1 EL Orangen- oder Apfelsaft	*4 EL Öl*
100 g Roquefort	*1 EL Joghurt*

Chicorée, Radicchio und Apfel waschen, in Streifen schneiden und in eine Schüssel füllen. Sofort mit Orangensaft beträufeln. Käse würfeln und in die Schüssel geben. Aus den restlichen Zutaten ein Dressing bereiten und mit dem Salat vermengen. 15 Minuten ziehen lassen. Bei Bedarf geröstete Nüsse darüber streuen.

Fenchel

Fenchel gilt als Heilpflanze, von der vier verschiedene Teile heilend wirken. Es sind dies der Samen, das Kraut, die Knolle und das Öl aus den Samen.
Die ätherischen Öle der Knolle wirken, neben Petersilie, Sellerie und Spargel, blähungstreibend, krampfstillend und gärungswidrig. Neben der lindernden Wirkung im Magen- und Darmtrakt steigert Fenchel die Ausscheidung der Bronchien. In Verbindung mit Honig ist Fencheltee ein bekanntes Mittel bei Husten und Bronchialasthma.

Fenchelsalat mit Käse

400 g Fenchel	*150 g Joghurt*
100 g blaue Weintrauben	*1 EL Zitronen- oder Orangensaft*
100 g grüne Weintrauben	*2 TL Honig*
50 g mittelalter Gouda	*Pfeffer, Salz*

Fenchel waschen, putzen und in dünne Streifen schneiden. Weintrauben waschen, Kerne ggf. entfernen, Käse grob raspeln. Aus den übrigen Zutaten eine Marinade zubereiten und dazu reichen.

Fenchel mit Lachs

500 g Fenchel
125 g Räucherlachs

2 Eigelb
1 TL Zitronensaft

125 ml Öl
150 g Joghurt
2 TL Honig
Pfeffer, Salz

Fenchel waschen, putzen und schneiden, in einer Schüssel mit den Lachsstreifen anrichten. Aus den restlichen Zutaten eine Mayonnaise herstellen, über den Fenchel gießen und mit Zitrone und Petersilie garnieren.

Fenchel-Orangen-Salat

2 Orangen
2 Fenchelknollen
1 Möhre

Saft einer halben Zitrone

Saft einer halben Orange
1 TL Honig
4 EL Walnußöl
2 TL Walnüsse
1 EL saure Sahne

Orangen, Fenchel und Möhre putzen, schneiden und auf 2 Tellern anrichten. Die Zutaten für die Marinade verquirlen und unmittelbar vor der Mahlzeit über die angerichteten Salatteller geben. Garniert wird mit Nüssen und Fenchelgrün.

Fenchelmus

2 Fenchelknollen
40 g Butter
1 Becher Crème fraîche

1 TL Honig
Salz, Pfeffer

Knollen putzen, waschen, würfeln und in der Butter unter Umrühren dünsten. Crème fraîche und Honig unterrühren, mit Salz und Pfeffer abschmecken. Fenchelmus schmeckt zu Rumpsteak, Lammkoteletts und Fisch.

Fenchelhälften überbacken

4 große Fenchelknollen
1 Becher süße Sahne
Salz, Pfeffer
1 Knoblauchzehe

1 Prise Paprika edelsüß
1 TL Honig
125 g mittelalter Gouda

Fenchelknollen putzen und ganz im Dampfdrucktopf 3 Minuten garen. Knollen halbieren und in eine feuerfeste Form geben. Eine Sauce aus Sahne, Salz, Pfeffer, Knoblauch, Paprika und Honig bereiten, über den Fenchel gießen. Den Käse in Scheiben schneiden und auf den Fenchel legen. Im Backofen ca. 30 Minuten überbacken.

Fenchelsuppe mit Fisch

500 g Seelachs
1 Zitrone
4 Fenchelknollen
4 Zwiebeln
1 Bund Suppengrün
1 Knoblauchzehe
4 EL Olivenöl

100 g Langkornreis
1 l Wasser
2 Lorbeerblätter
Salz
1 TL grüner Pfeffer
1 EL Honig
2 EL Petersilie

Seelachs mit Zitronensaft beträufeln. Fenchelknollen waschen, putzen, achteln. Fenchel mit Zwiebeln, Suppengrün und gehackter Knoblauchzehe im Olivenöl kurz dünsten, Reis hinzufügen und mit Wasser, Lorbeerblättern, Salz und Pfeffer 30 Minuten garen. Fisch hinzugeben, im offenen Topf 10 Minuten gar ziehen lassen, aber nicht mehr kochen. Falls sich Schaum gebildet hat, abheben und mit Honig und Petersilie abschmecken.

Gurke

Die Gurke ist ein sehr altes Kulturgewächs, das schon vor 5000 Jahren in Ost-
indien als Nahrungsmittel bekannt war. Gurkenkerne wurden auch in den ägyp-
tischen Grabkammern der Pharaonen gefunden. Die Römer konservierten die
Gurke als erste in Salzwasser. Um 1500 n. Chr. erreichte sie Mitteleuropa. Die
Früchte und Samen sind heilkräftig. Bei Verwendung unreifer Früchte kann es allerdings zu Verdauungsbeschwerden kommen. Deshalb verzehrt man Gurken am
besten erst, wenn der Blütenansatz beginnt, gelb zu werden.
Die Gurke enthält die Vitamine A, B_1 und C, außerdem Mineralien, Spurenelemente und insulinartige Stoffe. Sie hat eine wasserausleitende Wirkung und ist
daher gut für Herz- und Nierenkranke. Außerdem ist sie wichtig bei Stuhlträgheit;
sie wirkt entschlackend, entgiftend und reinigt das Blut.

Gurken-Apfel-Salat

1 Salatgurke	*1 TL milder Senf*
1 Apfel	*100 ml saure Sahne*
1 EL Apfelessig	*1 EL Honig*
2 EL Sonnenblumenöl	*1 TL Dill*
Salz, Pfeffer	*1 TL Borretsch*

Gurke, falls nicht aus Bioanbau stammend, schälen. Apfel waschen und mit der
Schale in kleine Streifen schneiden. Aus Essig, Öl, Salz, Pfeffer und Senf eine
Sauce bereiten und unter den Salat mischen. Sahne mit Honig vermengen, auf
den Salat geben und mit Kräutern bestreuen.

Gurkensalat japanisch

2 Salatgurken
Salz
60 ml Reisweinessig

2 EL Sojasauce
1 EL Honig
2 TL Sesamkerne

Gurken in feine Scheiben schneiden, aus Salz, Essig, Sojasauce und Honig ein Dressing bereiten. Sesamkerne in einer beschichteten Pfanne ohne Öl bei großer Hitze kurz rösten, Pfanne dabei sorgfältig schütteln. Kerne kurz abkühlen lassen und über den Salat geben.

Gurkensauce

40 g Butter
70 g Mehl
2 Essiggurken
25 ml saure Sahne

1 l Wasser
Salz
1 EL Honig
Dill

Aus Butter und Mehl eine Mehlschwitze herstellen, Essiggurken feingehackt mit Sahne, Wasser und Salz hinzufügen. Zum Schluß mit Honig abschmecken und mit Dill garnieren.
Evtl. noch ein Ei hinzufügen und mit Pellkartoffeln servieren.

Gurken-Kartoffel-Salat mit Honig

500 g Kartoffeln
1 Salatgurke
2 EL Sonnenblumenöl
1 EL Apfelessig
1 EL Honig

Pfeffer und Salz
1 Zwiebel
1 EL Petersilie
1 TL Dill

Kartoffeln waschen, kochen, pellen und erkalten lassen. Eine Marinade aus Öl, Essig, Honig, Salz, Pfeffer und Zwiebel herstellen. Die kalten Kartoffeln schneiden, die Gurken ebenso, Marinade unterziehen. Salat eine Stunde zugedeckt ziehen lassen. Nochmals abschmecken und mit Petersilie und Dill garnieren.

Rahmgurken

2 Salatgurken
1 EL Honig
25 ml saure Sahne

1/2 Zitrone
Salz, Pfeffer
1 Bund Dill

Salatgurken schälen und in Würfel schneiden. Eine Marinade aus Honig, Sahne, Zitrone, Salz und Pfeffer bereiten und über die Gurkenwürfel gießen. Mit Dill abschmecken.

Milder Zaziki

1 Salatgurke
200 g Joghurt
100 g saure Sahne

1 EL Honig
2 Knoblauchzehen
Pfeffer, Salz

Gurke schälen und reiben, mit den restlichen Zutaten vermengen. Knoblauchzehen mit Hilfe einer Knoblauchpresse verarbeiten.
Als Beigabe zu gebratenen Zucchini, Vollkornpizzaböden und Oliven reichen. Dazu ein milder Rotwein, und die Vorspeise oder das kleine Abendessen ist perfekt.

Gebratene Zucchini

Zum milden Zaziki passen besonders gut die gebratenen Zucchini.

1 mittelgroßer Zucchino
1 EL Honig
1 Knoblauchzehe

Salz, Pfeffer,
etwas Senf
Mehl, Olivenöl

Zuccchino waschen und in dünne Scheiben schneiden. Aus Honig, Knoblauchzehe und Gewürzen eine Marinade bereiten. Zucchinoscheiben mit der Marinade bestreichen und in Mehl wenden. In Olivenöl knusprig braten.

Gefüllte Gurken

2 Salatgurken
1 süßsaure Gurke
1 Büchse Ölsardinen
100 g Mayonnaise
einige Tropfen Zitronensaft

1 hartgekochtes Ei
1 EL Honig
1 EL Senf
1 kleine Zwiebel
Pfeffer, Salz

Gurken schälen, der Länge nach halbieren und aushöhlen, in 10 cm lange Stücke schneiden. Öl der Ölsardinen ablaufen lassen, Ölsardinen in kleine Stücke schneiden und mit Zitronensaft beträufeln. Mayonnaise, gewürfeltes Ei, Honig, Senf, gehackte Zwiebel, Salz und Pfeffer vorsichtig vermengen, den Fisch unterheben, Gurken damit füllen.

Gurkencocktail

2 Salatgurken
1 Zitrone

1 EL Honig
Salz, Pfeffer

Gurken nach dem Waschen halbieren, Kerne entfernen, in Stücke schneiden und in den Entsafter geben. Mit Zitronensaft, Honig, Salz und Pfeffer würzen. Den Cocktail an heißen Sommertagen als Aperitif reichen.

Hülsenfrüchte

Bohnen, Erbsen und Linsen haben einen hohen Gehalt an Eiweiß und Kohlehydraten. Sie wurden schon sehr früh in der Geschichte der Menschheit verwendet. Neben Eiweiß und Kohlehydraten enthalten Hülsenfrüchte Lecithin, den wichtigen Stoff für unser Nervensystem. Das Vitamin E, das Fruchtbarkeitsvitamin, bildet sich bei der Keimung. Am bekömmlichsten sind Hülsenfrüchte, wenn sie als Mehl, geschält oder passiert verarbeitet werden. Für Magen- und Darmkranke scheiden Hülsenfrüchte aus. Auch Nierenkranke sollten wegen des hohen Eiweißgehaltes Hülsenfrüchte meiden, ebenso Herzkranke, da die Gasbildung die Herztätigkeit beansprucht. Andererseits haben Hülsenfrüchte einen hohen Anteil an Ballaststoffen und können die Darmtätigkeit anregen.

Die Erbse ist sehr nahrhaft durch ihren hohen Eiweißgehalt. Linsen fördern den Stuhlgang. Weiter besteht die mögliche therapeutische Verwendung von Hülsenfrüchten in der Kontrolle von Insulin und Blutzucker und der Senkung des LDL-Cholesterins zugunsten des HDL-Cholesterins. Außerdem enthalten Hülsenfrüchte krebshemmende chemische Stoffe, was übrigens für fast alle Obst- und Gemüsesorten gilt.

Erbsenpüree

350 g grüne Erbsen
2 EL Mehl
2 EL Butter

1 TL Honig
Salz, Pfeffer

Erbsen am Vortag in Wasser einweichen, in diesem Sud kochen, dann passieren. Aus Mehl und Butter eine Mehlschwitze herstellen. Püree dazugeben, mit Honig, Salz und Pfeffer abschmecken.
Dazu passen Croutons und ein bunter Salat.

Erbsen-Soufflé

50 g Butter	400 g frische Erbsen
40 g Mehl	1 EL Honig
1/2 l Milch	2 Eiweiß
Salz, Pfeffer, Muskatnuß	Fett, Mehl
2 Eigelb	1 Msp. Majoran oder Bohnenkraut

Mit Butter und Mehl eine Schwitze herstellen, mit Milch ablöschen, nochmals aufkochen lassen. 5 Minuten unter Rühren weiterkochen, mit Salz, Pfeffer, und Muskatnuß würzen. Danach Eigelbe mit der Sauce vermengen, Erbsen und Honig dazugeben. Eiweiße steif schlagen und unter die Erbsenmasse heben. In einer gefetteten bemehlten Souffléform Masse im Backofen bei 200 Grad ca. 20 Minuten backen.
Dazu reicht man Rührei und gemischten Salat oder nur Salat.

Bohnensalat

300 Filetbohnen	1 TL Bohnenkraut
2 EL Honig	1 TL Kräuter der Provence
1 EL Apfelessig	1 kleine Knoblauchzehe
1 EL Öl	1 Schalotte

Bohnen waschen, putzen und im Dampfdrucktopf garen. Abkühlen lassen. Aus den weiteren Zutaten eine Marinade bereiten und über die Bohnen geben. Zu Kartoffeln und Fleisch reichen oder mit Schafkäse und Oliven als kleine Mahlzeit genießen.

Rote Bohnensuppe

250 g geschälte Tomaten
2 EL Olivenöl
500 g rote Bohnen aus der Dose
1 l Wasser
150 g Maiskörner aus der Dose
2 TL Chilipulver

1 EL Honig
2 Knoblauchzehen
1 Glas Rotwein
150 g echte Salami
Salz, Pfeffer

Tomaten in Olivenöl dünsten, Bohnen dazugeben und mit Wasser aufgießen. Eine Stunde köcheln lassen. Maiskörner mit Saft, Gewürzen und Wein hinzufügen. Bei Halsschmerzen darf die Suppe schärfer gewürzt werden. Salami klein schneiden und kurz in der Suppe erwärmen, bevor sie mit Tortillas (Maischips) serviert wird.

Zuckererbsen mit Zitronensauce

600 g Zuckererbsen (Zuckerschoten)
1 Becher Crème fraîche
2 EL Joghurt
1 EL Honig

abgeriebene Schale einer
unbehandelten Zitrone
Salz, Pfeffer
Zitronenmelisseblättchen

Zuckerschoten im Dampfdrucktopf garen, abkühlen lassen. Für die Sauce alle Zutaten miteinander verrühren und über die Zuckererbsen geben. Mit Zitronenmelisseblättchen garnieren.
Die Zuckererbsen zu Rinderfilet und Reis reichen.

Toast mit Erbsen und Krabben

100 g frische Erbsen
2 EL Butter
Salz, Pfeffer
100 g frische Nordseekrabben
4 Scheiben Vollkorntoast

Butter zum Bestreichen der Toasts
200 g Doppelrahmfrischkäse
1 EL Honig
1/2 Knoblauchzehe
2 EL Sahne

Erbsen waschen, 8 Minuten in der Butter dünsten, erkalten lassen, mit Salz und Pfeffer würzen und Krabben unterheben. Toast im Toaster rösten, mit Butter und dem mit Honig, Knoblauch und Sahne gewürzten Frischkäse bestreichen. Darauf die Krabben-Erbsen- Masse geben. Anstelle der Krabben können geräucherte Forellenfilets oder marinierte Champignons verwendet werden.

Dicke Bohnen mit Möhren

375 g junge Möhren
375 g Kartoffeln
1 Zwiebel
10 Salbeiblättchen
500 g dicke Bohnen
2 EL Butter

Salz, Pfeffer
125 ml Wasser
1 EL Honig
4 EL Sahne
etwas Salbei zum Garnieren

Möhren putzen und in Scheiben schneiden, Kartoffeln schälen und in Würfel schneiden, Zwiebel schälen und hacken, Salbeiblättchen fein hacken, mit den Bohnen in Butter andünsten, mit Salz, Pfeffer und Wasser 15 Minuten dünsten. Honig und Sahne unterrühren, Salbei darüber streuen.
Dicke Bohnen schmecken am besten ohne Beilage.

Linsen-Haferflocken-Bratlinge

200 g Linsen
1 TL Thymian
1 l Wasser
2 Zwiebeln
1 Knoblauchzehe
125 ml Öl

150 g Haferflocken
2 EL Honig
1 TL Basilikum
1 Ei
Salz, Pfeffer
2 EL Petersilie

Linsen waschen, mit Thymian und Wasser ca. 50 Minuten weich kochen. Zwiebeln und Knoblauch schälen und klein schneiden, in Öl braten. Zwiebeln, Knoblauch und Haferflocken zu den Linsen geben. Linsenteig mit Honig, Basilikum, Ei, Salz, Pfeffer und Petersilie vermengen und 30 Minuten ruhen lassen. Dann die aus dem Linsenteig hergestellten Bratlinge in Öl knusprig braun backen.
Dazu Zaziki und Salat reichen.

Cremesuppe aus frischen Erbsen

2 Zwiebeln
1 EL Butter
1 EL Mehl
400 ml vegetarische Gemüsebrühe
400 g frische Erbsen (auch tiefgekühlte)

100 g Crème fraîche
Salz, Pfeffer
1 TL Bohnenkraut
1 EL Honig

Geputzte und gehackte Zwiebeln in Butter dünsten, mit Mehl bestäuben und mit 200 ml Brühe aufgießen. 2/3 der Erbsen hinzugeben, Suppe aufkochen. Suppe nach 5 Minuten pürieren, restliche Brühe hinzufügen, mit der Hälfte der Crème-fraîche, Salz, Pfeffer und den restlichen Erbsen langsam köcheln lassen. Suppe vom Herd nehmen. Bohnenkraut hacken und mit Honig unter die Suppe rühren. Suppe in Terrine füllen und mit der restlichen Crème fraîche garnieren.
Die Suppe eignet sich vor einem herzhaften Salat und wird mit geröstetem Brot gereicht.

Karotte/Möhre

Karotten kommen wildwachsend auf Wiesen und Äckern vor. Im Garten wird die Wurzel der Möhre geerntet, die Karotin (Vorstufe des Vitamins A) und die Vitamine E, H, B_1, B_2 und B_6, außerdem Pantothensäuren, ätherisches Öl u.v.m.. enthält. Möhren sind besonders bei Magen- und Darmleiden zu empfehlen. Sie vertreiben Sodbrennen, verhüten Fäulnisvorgänge im Darm und beseitigen bei Entfettungskuren wassersüchtige Anschwellungen. Gicht- und Rheumakranken wird empfohlen, viele Karotten täglich zu essen. Bei Zuckerkranken wird die Zuckerausscheidung beeinflußt.

Die Karotte hat in Versuchen in England großes Aufsehen erregt, als man feststellte, daß niedrige Betakarotinwerte des Blutes und Krebs der verhornenden Plattenepithelien (z. B. Haut- und Lungenkrebs) in einer engen Verbindung miteinande rstehen. Weltweit haben zehn von elf Untersuchungen bestätigt, daß das Betakarotin der Karotte und anderer dunkelgrüner Blattgemüse die Gefahr, Lungenkrebs zu bekommen, erheblich verringern kann. Weiterhin fand man in Untersuchungen heraus, daß Betakarotin, anders als seine Vorstufe Vitamin A, ein Antioxidans ist. So kann angenommen werden, daß Betakarotin neben seiner krebshemmenden Wirkung auch die Immunabwehr stärkt.

Möhrencremesuppe

400 g Möhren	*1 l Wasser*
2 Kartoffeln	*Pfeffer, Salz*
2 Zwiebeln	*50 g Sahne*
1 Knoblauchzehe	*1 EL Honig*
1 EL Butter	

Möhren, Kartoffeln, Zwiebeln und Knoblauchzehe putzen und kleinschneiden. Zwiebeln in Butter andünsten, Gemüse und zerdrückte Knoblauchzehe hinzufügen. Mit Wasser aufgießen, mit Pfeffer und Salz würzen. Suppe nach 10 Minuten Kochzeit pürieren, mit Sahne und Honig abschmecken. Kurz vor dem Servieren Butterflöckchen auf die Suppe geben.

Möhrenkroketten

500 g Kartoffeln
250 g Möhren
3 EL Butter
125 ml Gemüsebrühe
1 TL Honig
Salz

1 Eigelb
2 EL Petersilie
2 EL Grieß
etwas geriebene Muskatnuß
3 EL Paniermehl
Butter oder Pflanzenöl

Kartoffeln waschen, kochen, pellen, pürieren. Möhren putzen, kleinschneiden, mit Butter andünsten, mit Brühe aufgießen, mit Honig und Salz würzen und pürieren. Beide Pürees zusammenmischen und mit Eigelb, Petersilie, Grieß und Muskatnuß vermengen. Aus dem Teig kleine Röllchen formen, in Paniermehl wenden. Kroketten in zerlassener Butter oder Pflanzenöl backen und zu grünem Salat mit Walnüssen reichen.

Möhrenmüsli

250 g Möhren
Zitronensaft (oder Apfel)
1 EL Honig

2 EL Joghurt
5 EL kernige Haferflocken

Möhren putzen, waschen, raspeln und mit Zitronensaft beträufeln. Honig und Joghurt auf die Möhrenraspel geben. Zum Schluß die Haferflocken darüber streuen.
Anstelle des Zitronensaftes kann man einen Apfel reiben und mit Zimt abschmecken.

Möhrensalat

5 große Möhren	1 Zwiebel
1 säuerlicher Apfel	1 EL Honig
1 EL Apfelessig	Pfeffer, Salz
2 EL Sonnenblumenöl	1 EL süße Sahne

Möhren und Apfel putzen und reiben, Apfel möglichst nicht schälen. Sofort mit Apfelessig übergießen. Aus Sonnenblumenöl, Zwiebel, Honig, Pfeffer, Salz und Sahne eine Marinade bereiten und über den Salat geben. Zur geschmacklichen Abwandlung können Rosinen, getrocknete Feigen und Nüsse verwendet werden.

Neuseeländer Möhrenkuchen

200 g Möhren	100 g Dinkelmehl
4 Eier	1 geh. TL Backpulver
6 EL Wasser	200 g Walnüsse (auch Haselnüsse)
200 g Honig	1/2 TL Zimt

Möhren putzen und mittelfein reiben. Nicht zu fein, da sonst zuviel Saft austritt. Eier trennen, Eigelbe mit Wasser und Honig schaumig schlagen. Mehl, Backpulver, Nüsse und die Möhren unterrühren, Eischnee unterheben. Teig in einer gefetteten Springform bei 180 Grad ungefähr 45 Minuten backen.
Nach dem Erkalten kann man den Kuchen mit Honig bestreichen und mit Zimt bestreuen. Der Neuseeländer Möhrenkuchen wird in seinem Heimatland an einem der zahlreichen Regentage zum Tee genossen und vertreibt trübe Gedanken.

500 g Möhren	*2 EL Safloröl*
30 g Sesam	*20 g Rosinen (ungeschwefelt)*
2 Zwiebeln	*1 reife Mango*
1 kleines Stück frischer Ingwer	*1/2 EL Curry*
2 Knoblauchzehen	*200 ml trockener Weißwein*
Salz	*1 TL Honig*

Möhren putzen und in feine Streifen schneiden. Sesamkerne in einer Pfanne ohne Fett rösten, abkühlen lassen. Zwiebeln putzen, in Ringe schneiden, Ingwer fein hacken, Knoblauch mit etwas Salz fein streichen. 2 EL Öl erhitzen, Zwiebeln, Rosinen, Knoblauch und Ingwer unter Rühren 5 Minuten dünsten. Während dieser Zeit Mango schälen, Fruchtfleisch in Würfel schneiden. Fruchtfleisch kurz mitdünsten, mit Curry abschmecken. Mit Weißwein aufgießen, geschnittene Möhren unter die Mischung heben. Kurz ziehen lassen und mit Honig verfeinern. Zu Reis servieren, mit Sesam bestreuen. Mit den Möhren können auch Mungbohnensprossen in die Mangosauce gegeben werden.

Kartoffel

Die Kartoffel stammt aus Amerika und hatte zu Anfang Schwierigkeiten, von der Bevölkerung in Deutschland angenommen zu werden: die Bauern ernteten die Kartoffeln zur gleichen Zeit wie Getreide, also zu früh, und konnten mit den Früchten nichts anfangen. Friedrich der Große von Preußen bewirkte daher den Pflichtanbau der Kartoffel und bestimmte den Erntezeitpunkt, so daß sich die Kartoffel schließlich durchsetzen konnte. Zum Glück, denn die Anspruchslosigkeit, die Möglichkeit des Anbaus in höheren Lagen, der Ertragsreichtum und die gute Lagerbarkeit halfen bei der Beseitigung von Mangelerscheinungen und Hunger. Die Kartoffel galt lange Zeit als »Brot der Armen«.
Die Knolle enthält Stärke, Apfel- und Milchsäure, die Vitamine A, C und das Hautvitamin F. Die Kartoffel ist heute der wichtigste Vitamin C-Lieferant. Beim Kochvorgang wird nur die Hälfte des Vitamin C zerstört, so daß seit Beginn der

Verbreitung der Kartoffel Skorbut (Vitamin C-Mangel) praktisch nicht mehr besteht. Der Kartoffelbrei ist für Magenkranke sehr wichtig. Übersäuerung des Magens, verursacht durch Magen- und Darmentzündung, wird durch Kartoffelbrei positiv beeinflußt. Bei Zuckerkranken wurde dies ebenfalls bereits mit Erfolg angewendet. Bei Stuhlverstopfung werden Kartoffeln drei mal am Tag gegessen. Der Kaliumgehalt fördert die Entwässerung. Gekeimte und grüne Kartoffeln enthalten große Mengen an Solanin und sollten auch gekocht nicht verwendet werden, denn Magenschmerzen und Übelkeit können die Folge sein.

Kartoffelsalat »rot/grün«

800 g Pellkartoffeln	*1/2 EL Essig*
1 Gewürzgurke	*1 EL Honig*
1 Tomate	*Salz, Pfeffer*
100 g Joghurt	*Schnittlauchröllchen, Dill*
1 EL Öl	

Gekochte und abgekühlte Kartoffeln pellen und in dünne Scheiben schneiden, ebenso Gurke und Tomate. In eine Schüssel schichten. Aus Joghurt, Öl, Essig, Honig, Salz und Pfeffer eine Marinade herstellen, über die Gemüse gießen. Mit Schnittlauchröhrchen und Dill bestreuen.

Honigkartöffelchen

500 g sehr kleine Kartoffeln	2 EL Honig
Butter	Salz, Kräuter der Provence

Schale der kleinen Kartoffeln sehr gut bürsten (zuvor etwas einweichen) und abtropfen lassen. Butter in einer Pfanne erwärmen, Kartoffeln mit der Schale bei geschlossenem Deckel garen. Deckel entfernen, Honig hinzufügen. Wenn die Schale knusprig geworden ist, mit Salz und Kräutern abschmecken.
Paßt zu herzhaftem Käse und grünem Salat, Feldsalat oder Möhrensalat.

Kartoffelpuffer

5 große Kartoffeln
1 Zwiebel
1 TL Honig

1 Ei
Salz

Kartoffeln waschen, schälen und reiben, Zwiebel schälen und hacken, in eine Schüssel geben und alle Zutaten vermengen. In Öl braten und dazu Apfelmus reichen.
Am besten schmecken Kartoffelpuffer aber auf Pumpernickel, mit Butter und mit Honig bestrichen.

Kartoffelbrei

500 g Kartoffeln
1 EL Butter
1 TL Honig
Salz

Muskatnuß
etwas Milch
1 Ei (bei Bedarf)

Kartoffeln waschen, schälen und kochen. Mit dem verbliebenen Kochwasser pürieren und die übrigen Zutaten hinzufügen. Wenn das Püree für Babys oder Rekonvaleszenten gedacht ist, das Salz weglassen und eine Möhre mitkochen, evtl. ein Ei in das Püree einrühren.

Kartoffelplätzchen

300 g gekochte Kartoffeln
250 g Mehl
3 EL Magerquark

1 EL Honig
1 Prise Salz

Kartoffeln schälen, kochen, pellen und durch eine Kartoffelpresse drücken. Mit den übrigen Zutaten zu einem Teig verrühren, Plätzchen formen und in heißer Butter oder Pflanzenfett braten. Mit Honig oder Marmelade servieren.

Man kann auch aus zwei kleinen Teigkugeln zwei dünne Plätzchen formen, die mit Früchten oder Honig gefüllt werden. Dann wie beschrieben braten. Dazu Vanillesauce reichen.

Kartoffelnudeln

500 g gekochte Kartoffeln
500 g Äpfel
50 g Mehl
4 Eier

Salz
Muskat
4 EL Honig
1 Päckchen Vanillezucker

Gekochte Kartoffeln pellen, mit einer Gabel zerdrücken. Äpfel waschen, schälen, halbieren, vom Kerngehäuse befreien und in feine Stifte schneiden oder grob raspeln. Kartoffeln, Äpfel, Mehl, Eier, Salz, Muskat, Honig und Vanillezucker zu einem Teig verarbeiten. Von diesem Teig teelöffelgroße Portionen abstechen und zu länglichen Nudeln formen. In heißem Öl goldbraun backen.

Dazu frische Früchte servieren.

Kohlarten

Die Pflanzenfamilie des Kohls, auch Kreuzblütler genannt, da die vierblättrigen Blüten im Mittelalter jemanden an ein Kreuz erinnerten, beinhalten eine Reihe von Nahrungssubstanzen, die unter anderem Krebs bekämpfen. Vor allem vorbeugend zur Bekämpfung von Dickdarmkrebs werden die Kohlarten eingesetzt. Untersuchungen laufen dazu in Israel, Griechenland, Japan, Norwegen und in den USA. Von den Urbewohnern der Küstengebiete Europas wurde bereits die Wildform des Kohls verwendet. Die Römer, die Kohl *brassica* nannten, priesen ihn als das allerbeste aller Gemüse. In die germanischen Länder kam der Kohl, als er in Klostergärten angebaut wurde. Bereits zur Zeit der Römer waren zehn Kohlsorten bekannt.

Heil- und Wirkstoffe im Kohl sind Kohlenhydrate, Pflanzeneiweiß, Harze, pflanzliche Fettstoffe, Spurenelemente (K, Fe, Mg, Schwefel) und Vitamin A und C. Als Frischgemüse wird Weißkraut bei chronischer Stuhlverstopfung angewendet. Da Weiß- und Rotkraut wenig Zucker enthalten, können Zuckerkranke es bedenkenlos essen. Das Sauerkraut, roh gegessen, bewirkt durch die Milchsäurebakterien, die in ihm enthalten sind, daß Fäulnisvorgänge im Darm bekämpft werden. Sauerkraut wirkt entgiftend und blutreinigend, verzögert dadurch das Altern, die Anfälligkeit gegen Krankheiten und steigert die Abwehrkräfte. Übrigens war es der Deutsche Georg Forster, der entdeckte, daß Sauerkraut gegen Skorbut einzusetzen war. So gelang es James Cook 1775 bei der Umsegelung des Kaps der Guten Hoffnung, daß alle Soldaten gesund blieben, weil genügend Sauerkrautvorräte an Bord waren.

Hier noch ein Wort zu den Blähungen, die manchmal nach Kohlgenuß auftreten können. Heute weiß man, daß dies mit der modernen Düngung zusammenhängen kann. Biologisch erzeugtes Gemüse wird also solche Auswirkungen nur selten haben. Allerdings ist der Kohl kein ausgesprochen nitratanreicherndes Gemüse. Blattsalate sind viel anfälliger für Überdüngung.

Broccoli mit Honig-Mandel-Butter

800 g Broccoli   *50 g Honig*
50 g Butter   *Salz*
50 g abgezogene gehobelte Mandeln

Broccoli putzen, Strunk und Stengel schälen und kreuzförmig einschneiden. Waschen und im Dampfdrucktopf garen. Unterdessen Butter zerlassen, Mandeln darin leicht bräunen, vom Herd nehmen und Honig hineinrühren, evtl. mit Salz würzen. Butter über den Broccoli geben und servieren.

Kohlrabisuppe

1 kg Kohlrabi   *2 Wacholderbeeren*
2 Möhren   *10 grüne Pfefferkörner*
1 Zwiebel   *Salz, Pfeffer*
2 EL Butter   *1 EL Honig*
1 l Gemüsebrühe   *Petersilie*
1 Lorbeerblatt

Kohlrabi und Möhren putzen und kleinschneiden. Zwiebel schälen und in Butter dünsten, Gemüse hinzufügen, Gemüsebrühe einrühren. Mit Gewürzen ca. 20 Minuten kochen lassen. Honig hinzufügen, mit Petersilie garnieren und heiß essen. Dazu ein Roggenbrot mit Butter. Dieses Rezept kann mit süßer Sahne verfeinert werden.

Rotkohl

1 Kopf Rotkohl (600 g)	3 Nelken
2 EL Öl	1 Lorbeerblatt
2 Zwiebeln	Salz, Pfeffer
3 EL Himbeeressig	150 ml Rotwein
5 Pimentkörner	400 g säuerliche Äpfel
5 Wacholderbeeren	1 EL Honig

Rotkohl putzen, Strunk herausschneiden, fein hobeln oder raspeln. Geschälte und gewürfelte Zwiebel in Öl anbraten, Kohl dazugeben. Essig und Gewürze hinzufügen, mit Salz und Pfeffer würzen und mit Rotwein kochen lassen. In der Zwischenzeit Äpfel schälen, vierteln, entkernen, in Scheiben schneiden und zum Rotkohl geben. Rotkohl 30 Minuten dünsten, ab und zu umrühren. Zum Schluß Honig einrühren, abermals mit Salz und Pfeffer abschmecken.

Weißkohlsalat

1 kleiner Weißkohl	Salz, Pfeffer
4 EL Essig	1 EL Honig
2 EL Öl	5 Kümmelkörner

Weißkohl sehr fein in eine Salatschüssel raspeln. Aus den restlichen Zutaten eine Marinade bereiten. Kümmel kleinschneiden und zur Marinade geben. Marinade über den Weißkohl gießen, umrühren und 1 Stunde zugedeckt ziehen lassen.
Paßt gut zu Lammfleisch oder zu Tofugerichten.

Wirsingeintopf

1 Kopf Wirsing	1 EL Öl
2 Knoblauchzehen	1/2 l Milch
2 Möhren	100 g Butter
2 Petersilienwurzeln	Salz, Pfeffer
2 Stangen Porree	Petersilie, Majoran, Thymian
500 g Kartoffeln	1 EL Honig
3 Zwiebeln	

Gemüse putzen und kleinschneiden, Zwiebeln in Öl anbraten, restliches Gemüse hinzufügen. Unter Rühren Gemüse glasig dünsten, Milch und Butter hinzufügen und gar kochen. Mit Salz und Pfeffer abschmecken, Petersilie, Majoran, Thymian und Honig dazugeben. Suppe 10 Minuten im geschlossenen Topf ziehen lassen. Vom Feuer nehmen und den Honig einrühren.

Gebackene Chinakohlröllchen

2 Stauden Chinakohl	Salz, Pfeffer
2 Frühlingszwiebeln	Küchengarn
1 große Möhre	250 ml Speiseöl
4 EL Sojabohnenkeimlinge	4 EL trockener Sherry
50 g Champignons	1 EL Zitronensaft
1 EL Speiseöl	1 EL Honig
200 g Hühnerbrust	Sojasauce

Chinakohl putzen und 20 mittelgroße Blätter vom Strunk entfernen, Rippen dieser Blätter flach schneiden und in kochendem Wasser weich kochen, herausnehmen und in sehr kaltes Wasser legen, dann abtropfen lassen.
Für die Füllung Frühlingszwiebeln würfeln, Möhre putzen und würfeln, Sojakeimlinge waschen und Champignons putzen, waschen und fein hacken. Gemüse in Öl andünsten. Hühnerbrust waschen und würfeln und zum Gemüse geben. Mit Salz, Pfeffer und Sojasauce würzen. Von den Chinakohlblättern jeweils 2 über

Kreuz übereinanderlegen, Füllung auf den Blättern verteilen. Kohlblätter zusammenrollen und mit Küchengarn umwickeln.

Röllchen in Speiseöl goldgelb backen, auf Haushaltspapier legen, damit sie nicht so ölig sind (warm stellen). Aus Sherry, Zitronensaft, Honig und Sojasauce eine würzige Sauce herstellen, Chinakohlröllchen damit beträufeln.

Warm servieren, dazu Reis und Salat reichen.

Rosenkohlcremesuppe

500 g Rosenkohl
500 ml vegetarische Gemüsebrühe
1 TL Speisestärke
1 Eigelb
1 EL Butter

2 EL Crème fraîche
Salz, Pfeffer
1 EL Honig
Petersilie

Rosenkohl putzen und im Dampfdrucktopf garen, einige Röschen beiseite stellen und vierteln, restliche Röschen pürieren. 500 ml Gemüsebrühe erhitzen. Speisestärke in kaltem Wasser anrühren und zur Brühe geben, ebenso Eigelb, Butter und Crème fraîche. Püree in die Brühe einrühren, aufkochen lassen. Mit Salz und Pfeffer abschmecken, zum Schluß den Honig einrühren, geviertelte Röschen in die Suppe geben, mit Petersilie bestreuen.

Blumenkohl gebacken

1 Blumenkohl
1 Ei
1 EL Wasser
Salz, Pfeffer

1 EL Honig
Muskatnuß
Paniermehl
Butter, Knoblauch

Blumenkohl putzen, waschen und in Röschen teilen, im Dampfdrucktopf dünsten (muß noch Biß haben!). Aus Ei, Wasser und den restlichen Zutaten eine Sauce herstellen. Röschen einzeln eintauchen und in Paniermehl wenden. In einer Pfanne Butter zerlassen, Pfanne mit Knoblauch ausreiben, panierte Röschen darin goldgelb backen.
Dazu ein grüner Salat und Kartoffelbrei.

Sauerkrautsalat

500 g Sauerkraut
2 Orangen
1 Bund Schnittlauch
100 g Joghurt
1 EL Apfelessig

1 EL Honig
5 Kümmelkörner
Salz, Pfeffer
50 g Rosinen oder gehackte Feige

Sauerkraut mit einer Gabel zerpflücken, Orangen schälen und in Stücke schneiden, Schnittlauch in feine Röllchen schneiden, alles in einer Schüssel anrichten. Aus Joghurt, Essig, Honig und Gewürzen eine Sauce bereiten, über das Sauerkraut geben und mit Rosinen bestreuen.

Blumenkohlsuppe orientalisch

1 Blumenkohl	1/2 l Wasser
1 Zwiebel	1/4 l Milch
1/2 unbehandelte Zitrone	1/2 Becher Sahne
1 EL Öl	1 Eigelb
1 TL Curry	1 EL Honig
Salz, Cayennepfeffer	1 Möhre
1 EL Mehl	1 Bund Petersilie

Blumenkohl putzen, in kleine Röschen zerteilen und waschen. Zwiebel schälen und würfeln, von der Zitrone die Schale abreiben, Saft auspressen. In einem Topf Öl erhitzen, alle Gewürze und Mehl hinzufügen, unter ständigem Rühren anrösten. Wasser hinzugießen und aufkochen, gut rühren. Blumenkohl und Zitronensaft hinzufügen. Bei geschlossenem Deckel köcheln lassen, bis der Blumenkohl weich ist. Milch, Sahne, Eigelb und Honig verquirlen, Möhre schälen und raspeln, Petersilie waschen, hacken und mit Möhrenraspeln und Zitronenschale vermischen. Suppe pürieren, mit Milchmischung aufgießen und erhitzen. Auf Tellern verteilen und die Möhren- Zitronen- Petersilienmischung darüber streuen.

Rosenkohl mit Rosmarin

3 EL Öl	Rosenpaprika
1 Zwiebel	1 kg Rosenkohl
500 g Tomaten	2 Lorbeerblätter
1 EL Tomatenmark	1 Zweig Rosmarin
Salz	1 EL Honig

Öl in einem Topf erhitzen, Zwiebel darin dünsten. Tomaten waschen und klein schneiden (evtl. vorher pellen). Tomaten zur Zwiebel geben, Tomatenmark einrühren. Mit Salz und Paprika würzen, zum Kochen bringen. Rosenkohl putzen, Strunk über Kreuz einschneiden und zu den Tomaten geben. Lorbeerblätter und Zweig Rosmarin hinzufügen, unter gelegentlichem Umrühren 15 Minuten kochen lassen. Topf vom Herd nehmen, Honig einrühren, Zweig und Blätter entfernen. Heiß mit Reis servieren.

Blumenkohl mit Zitronenmayonnaise

1 Blumenkohl	1 TL Senf
2 Eigelb	Salz, Pfeffer
4 EL Zitronensaft	1/4 l Öl
2 TL Honig	Muskatnuß

Blumenkohl waschen und kochen. Inzwischen für die Mayonnaise Eigelb, Zitronensaft, Honig, Senf, Salz, Pfeffer verrühren. Öl mit den Quirlen vom Handrührgerät tropfenweise unterrühren. Blumenkohl auf einer Platte anrichten und mit Muskatnuß bestreuen. Die Mayonnaise darübergeben.
Mit geräucherten Forellenfilets servieren. Grüner Salat paßt sehr gut dazu.

Grünkohlstrudel

300 g Dinkel	1 Zwiebel
Salz	1 Knoblauchzehe
1 TL Honig	150 g geriebener Emmentaler
8 EL Öl	100 g saure Sahne
150 ml Wasser	1 EL Honig
1 Grünkohl	Salz, Muskatnuß
200 g mehligkochende Kartoffeln	Pfeffer, Cayennepfeffer
1 Bund Petersilie	Mehl, Öl, Butter

Aus Dinkel, Salz, Honig, Öl und Wasser einen Teig bereiten, warm ruhen lassen, bis die Füllung fertig ist.
Grünkohl waschen, hacken, Kartoffeln schälen, waschen und würfeln, Petersilie waschen, alles im Blitzhacker fein zerkleinern. Zwiebel hacken, Knoblauchzehe mit Salz zerreiben. Alle Zutaten (gehackte Gemüse, Käse, Sahne, Honig) verrühren und würzen. Den Teigkloß in 6 gleich große Stücke aufteilen und auf einer mit Mehl bestäubten Arbeitsplatte ausrollen. Mit Öl bestreichen und die Füllung darauf verteilen.
Teigstücke so aufrollen, daß nichts herauslaufen kann. In eine mit Butter gefette-

te Form legen. Form in den kalten Backofen stellen, auf 200 Grad erhitzen. Strudel 50 Minuten backen, und während dieser Zeit zweimal mit Butter bestreichen, damit er knusprig wird.

Wer mag, kann den Strudel auch mit Honigwasser bestreichen. Zum Strudel passen Quarksauce oder milder Zaziki und ein Tomaten- oder Möhrensalat. Im Winter ist Feldsalat der richtige Begleiter für den Grünkohlstrudel.

Chinakohlsalat

1 Chinakohl	*Pfeffer, Salz*
2 Knoblauchzehen	*3 TL Honig*
3 EL Öl	*Schnittlauch*
2 EL Essig	*2 hartgekochte Eier*

Chinakohl putzen, in feine Streifen schneiden. Knoblauchzehe in Salz fein reiben, Öl, Essig, Pfeffer, Knoblauchsalz und Honig verrühren. Schnittlauch waschen und in kleine Röllchen schneiden, zur Marinade geben. Den Chinakohl in dieser Marinade wenden und mit Eierscheiben garnieren.

Anstelle der Eier passen auch geraspelte Äpfel zu Chinakohl. Dann die Marinade mit Sahne anstelle des Öls bereiten.

Rotkohlsalat

1 Rotkohl	*1 Zwiebel*
1/2 Becher saure Sahne	*1 TL Kräutersalz*
1 EL Honig	*Salz, Pfeffer*
2 EL Apfelessig	

Rotkohl waschen und in feine Streifen schneiden. Aus den restlichen Zutaten eine Sauce bereiten und unter den Rotkohl heben. Zugedeckt eine halbe Stunde ziehen lassen.

Knoblauch

Die Heilkraft des Knoblauchs, die vielfach anerkannt ist, beruht hauptsächlich auf drei organischen Inhaltsstoffen im Saft der Zwiebel. Knoblauch enthält eine organische Kieselsäure, eine pflanzlich gebundene Jodverbindung und das ätherische, schwefelhaltige Öl, das bekanntlich stark riecht. Trotz dieses Geruchs ist Knoblauch überall auf der Erde beliebt und kommt in vielen Kochrezepten vor. Knoblauch bewirkt eine erhöhte Durchblutung, die sich auf die Verdauungsdrüsen auswirkt. Die drei hauptsächlich wirkenden Stoffe haben darüberhinaus desinfizierende Eigenschaften, so daß es im Darm weniger zu Gärungserscheinungen kommt. Die Entlastung des Darms bewirkt eine bessere Herztätigkeit. Teilweise werden die Stoffe des Knoblauchs auch über Haut und Lunge ausgeschieden, so daß der Knoblauchsaft anregend und keimtötend in der Lunge wirkt. Darm, Herz und Lunge werden also durch Knoblauch positiv beeinflußt. Die ehrfurchtsgebietenden Eigenschaften von Knoblauch, die schon 1500 v. Chr. schriftlich festgehalten wurden, lassen sich im wesentlichen wie folgt zusammenfassen:

Knoblauch bekämpft Infektionen, er enthält chemische Stoffe, die Krebs vorbeugen, er senkt den Blutdruck und verdünnt das Blut, er stimuliert das Immunsystem, beugt Bronchitis vor und lindert sie.

Viele Menschen meiden den Verzehr von Knoblauch, weil sie einen schlechten Atem fürchten. Hier kann Honig, oder besser noch Propolis, Abhilfe schaffen. Von den Fingern läßt sich der Knoblauchgeruch durch Salz beseitigen.

Aioli

5 Knoblauchzehen
Salz
1 Eigelb
2 TL Senf
1 TL Honig

1 EL Essig
125 ml Öl
Cayennepfeffer
Zitronensaft

Knoblauchzehen abziehen und mit Salz auf einem Brettchen mit einem breiten Messer fein reiben. Eigelb mit Senf, Honig und Essig zu einer dicklichen Masse schlagen, unter die nach und nach das Öl und die geriebenen Knoblauchzehen gemengt werden. Mit Cayennepfeffer und Zitronensaft abschmecken.

Knoblauchhefekranz

250 g Kartoffeln
6 Knoblauchzehen
375 g Weizenmehl (Type 1050)
125 g Roggenschrot
1 Würfel Frischhefe
1 TL Honig

250 ml warme Milch
1 Ei
Salz
50 g weiche Butter
Honigwasser

Kartoffeln waschen und kochen, pellen und durch eine Kartoffelpresse geben. Knoblauchzehen pellen und durchpressen, zu den Kartoffeln geben. Mehl und Roggenschrot zur Kartoffelmasse geben, vermengen und in die Mitte eine Vertiefung drücken. Dorthinein die Hefe bröckeln, Honig auf die Hefe geben und mit der Hälfte der Milch begießen. An einem warmen Ort zugedeckt gehen lassen. Ei, restliche Milch, Salz und Butter hinzufügen und mit dem Knethaken des Rührgerätes zu einem Teig verarbeiten. Teig nochmals gehen lassen.
2 etwa 50 cm lange Rollen aus dem Teig arbeiten, Rollen umeinanderschlingen, zu einem Kranz formen und auf einem gefetteten Backblech nochmals gehen lassen. Den gegangenen Teig mit Honigwasser bestreichen und im vorgeheizten Backofen bei 200 Grad etwa 30 Minuten backen.
Dazu reicht man einen grünen Salat, einen kräftigen Rotwein und Butter.

Knoblauchbutter

4 Knoblauchzehen   1 TL Honig
1 TL Kräutersalz   125 g weiche Butter
1 Prise Curry

Knoblauchzehen schälen und mit Kräutersalz feinreiben. Alle Zutaten mit der
Butter vermengen, in eine Keramikschüssel geben und zugedeckt im Kühlschrank verwahren.

Knoblauchcroutons

1 Knoblauchzehe   1 TL Honig
2 EL Butter   60 g frisches Brot

Knoblauch fein reiben, mit Butter und Honig vermengen und einige Stunden in
einem geschlossenen Gefäß ziehen lassen. Brot würfeln. In einer Pfanne etwas
Butter erhitzen, aber nicht zu stark, Brotwürfel dazugeben und unter häufigem
Wenden rösten, bis die Würfel braun sind. Dann die Knoblauchbutter dazugeben
und kurz einziehen lassen. Noch warm zu gemischtem Salat essen.

Knoblauchessig

2 Knoblauchzehen
1 TL Honig
250 ml Kräuteressig

Knoblauchzehen hacken, mit Honig und Essig in eine gut verschließbare Flasche
füllen. An einem Fensterplatz ziehen lassen.
Knoblauchessig paßt am besten zu Dressings, die mit Olivenöl angerichtet werden.

Knoblauchsuppe

15 Knoblauchzehen
800 ml vegetarische Gemüsebrühe
5 Zweige Petersilie
1 TL Pfeffer

1 TL Basilikum
1 TL Curry
1 EL Honig

Knoblauchzehen schälen und mit den anderen Zutaten, außer dem Honig, in einen Topf geben und bei schwacher Hitze 30 Minuten köcheln lassen. Knoblauchzehen herausnehmen, Honig einrühren.
Die Suppe ist ideal bei Erkältungen und Husten. Übrigens können die Dämpfe im Erkältungsfall auch eingeatmet werden.

Kürbis

Der Kürbis wurde aus Mexiko von den Spaniern nach Europa gebracht. Das Fruchtfleisch des Kürbis ist eine Diät- und Heilspeise für Magenkranke, Zucker- und Gichtkranke, Rheumatiker, Herzleidende und Nieren- und Blasenkranke. Relativ neu ist die wissenschaftliche Entdeckung, daß Kürbisfleisch vorbeugend gegen Krebs sein kann.
Als Speise kann Kürbis schonend angerichtet werden: Der Kürbis wird geschält und mit Tomaten und Zwiebeln im eigenen Saft gedünstet; danach mit Rahm binden.
Die bei uns bekannte Zucchini gehört zur gleichen Familie wie die Kürbisse und hat die gleichen therapeutischen Möglichkeiten wie oben beschrieben.
Die Kürbiskerne werden heute häufig bei Prostataleiden eingesetzt. Das Öl des Kürbis ist zwar sehr teuer, aber es enthält viele mehrfach ungesättigte Fettsäuren, die durch moderne Ernährung oft nicht ausreichend im Essen vorhanden sind.

Gegrillter Kürbis

1 kg Kürbis
100 g Butter
1 TL Kräuter der Provence

1 EL Honig
Salz, Pfeffer

Kürbis schälen und Kerne mit einem Löffel auskratzen. Fleisch in Spalten schneiden und auf ein gefettetes Backblech legen. Weiche Butter mit Kräutern, Honig, Salz und Pfeffer verrühren und die Spalten mit einem Teil der Butter bestreichen. Kürbis bei 200 Grad ca. 30 Minuten backen. Mehrmals mit Butter bestreichen.

Kürbisgemüse

1 kg Kürbis
3 EL Butter
125 ml vegetarische Gemüsebrühe
1 EL Honig

Salz, Pfeffer
1 TL Essig
2 EL gehackter Dill
2 EL gehackte Petersilie

Kürbis schälen, Kerne herausnehmen und Fleisch in Stifte schneiden. Butter zerlassen, Kürbisstifte andünsten, Brühe hinzugeben und 8 Minuten weiterdünsten. Mit Honig, Salz, Pfeffer, Essig, Dill und Petersilie würzen.
Zu Reis und Salat essen.

Kürbisgemüse mit gefüllten Blüten

500 g Kürbis
Salz
1 TL Honig
Saft von 1/2 Zitrone

2 EL Butter
200 g Zwiebeln
500 g Fleischtomaten
Salz, Pfeffer
1 TL Honig
Muskatnuß

2 EL Essig
1 Bund Dill

8–12 Kürbisblüten
250 g Sahnequark
1 TL Honig
1 EL geriebener Emmentaler
2 Eigelb
Schale von 1/2 unbehandelten Zitrone
1 Bund Petersilie
Butter

Kürbisfleisch in Würfel schneiden, in einem Topf mit Wasser bedecken, leicht salzen und mit Honig süßen, mit Zitronensaft beträufeln und bei geschlossenem Deckel bißfest kochen. Gegartes Gemüse abtropfen lassen. In einem Topf gewürfelte Zwiebeln in der Butter anbraten, Kürbisfleisch und gehäutete, gewürfelte Fleischtomaten hinzugeben und mit Salz, Pfeffer, Honig und Muskatnuß würzen. Bei mittlerer Hitze dünsten, mit Essig abschmecken, gewaschenen und gehackten Dill unterheben und das Gemüse warm halten.

Kürbisblüten nicht waschen, sondern nur öffnen, Verunreinigungen und Staubgefäße entfernen. Quark, Honig, Käse, Eigelb, Zitronenschale und gehackte Petersilie verrühren, in eine Sahnespritze füllen und die Blüten so weit damit füllen, daß die Blütenblätter an der Spitze zugedreht werden können. Einen Dampfeinsatz buttern und die Blüten hineinlegen. Im Dampftopf Wasser kochen lassen, den Einsatz hineingeben und den Deckel schließen. Je nach Größe der Blüten werden sie ca. 5 Minuten gegart.

Kürbisgemüse mit 2 Blüten und etwas Reis anrichten und sofort servieren.

Kürbissalat

750 g Kürbis
50 g Rosinen oder gehackte Feigen
2 TL Honig
Salz, Pfeffer
2 TL Meerrettich

1 Msp. Ingwer
1 EL Apfelessig
3 EL Apfelsaft
3 EL Öl
6 EL Sahne

Kürbis schälen, raspeln und mit den Rosinen (Feigen) in einer Schüssel anrichten. Aus den restlichen Zutaten ein Dressing zubereiten, über den Kürbis geben. Paßt gut zu Grünkernbratlingen und Reis.

Kürbisgratin

1 kg Kürbis
1 große Zwiebel
2 Knoblauchzehen
250 ml Gemüsebrühe
200 g Sahne

1 TL Honig
1 TL gemahlener Ingwer
Salz, Cayennepfeffer
100 g geriebenes Knäckebrot
100 g geriebener mittelalter Gouda

Kürbis schälen und raspeln, Zwiebel und Knoblauch schälen und hacken. Alles in eine feuerfeste Form geben. Aus Brühe, Sahne, Honig und Gewürzen eine Sauce herstellen, über den Kürbis gießen. Mit gemahlenem Knäckebrot und Käse bestreuen. Die Form in den kalten Backofen stellen und bei 200 Grad 45 Minuten backen.

Meerrettich

Der Meerrettich stammt aus Südeuropa. Seine Wurzel hat eine Reizwirkung auf die Schleimhäute von Magen und Darm und auf die Verdauungsdrüsen, denn durch den Wirkstoff Sinigrin werden sie stärker durchblutet. Meerrettich ist harntreibend und reich an Vitamin C: der Vitamin-C-Gehalt ist doppelt so hoch wie in Zitrusfrüchten. Er enthält eine Reihe von Mineralstoffen und Phytonzide und wird deshalb als Konservierungsmittel eingesetzt.
Auf die Lunge wirkt Meerrettich positiv, weil er den Schleim verflüssigt und den Hustenreiz mildert. Meerrettich regt den Appetit an und schmeckt sehr gut zu Fleischgerichten.

Mit Meerrettich gefüllte Honigmelone

1/2 Honigmelone	1 Frischkäse (Philadelphia)
1/4 l Sahne	2 EL geriebener Meerrettich
1 EL Honig	Salz, Pfeffer

Honigmelone halbieren, Kerne entfernen und in Spalten schneiden. Sahne mit den restlichen Zutaten vermengen und mit einer Spritztüte auf den Spalten verteilen.

Apfelmeerrettich

1 frischer Meerrettich	1 EL Honig
3 Äpfel	1 Becher saure Sahne

Meerrettich schälen und fein reiben. Äpfel waschen, entkernen und mit der Schale fein reiben. Beides mit Honig und saurer Sahne mischen.
Eignet sich gut als vegetarischer Brotaufstrich.

Meerrettich-Sauce

2 Eigelb
250 ml Öl
1 TL Senf
Salz

1 EL Zitrone
1 TL Honig
1/4 frisch geriebener Meerrettich
1 Apfel

Aus Eigelb und Öl eine Mayonnaise herstellen, die mit Senf und Salz gewürzt wird. Zitrone, Honig, geriebenen Meerrettich und geriebenen Apfel hinzufügen, evtl. mit Sahne abschmecken.
Als Füllung für Eier oder als Brotbelag ist die Meerrettichsauce unübertrefflich.

Paprika

Die Schote der Paprika ist heilkräftig, denn sie enthält Vitamin C, Karotin und acht weitere Inhaltsstoffe wie Citrin und Xanthophyll; sie hat vier- bis sechsmal mehr Vitamin C als Zitrone oder Apfelsine. Paprika kam erst im 15. Jahrhundert nach Europa und fand optimale Wachstumsbedingungen in Afrika, in der Türkei und im 17. Jahrhundert in Ungarn.
Paprika ist appetitanregend und sollte sparsam verwendet werden, denn sie kann zu Magenübersäuerung führen.
Übrigens ist der rote Paprika ausgereift und daher in der Regel auch bekömmlicher.

Paprikasuppe

4 Paprikaschoten
4 Zwiebeln
3 EL Öl
200 g Sauerkraut
1 l Gemüsebrühe

Salz, Pfeffer
1 EL Honig
4 EL Weißwein
125 ml Sahne

Schoten halbieren, entstielen, entkernen, waschen und in Streifen schneiden. Zwiebeln schälen, würfeln und in Öl dünsten. Paprika und Sauerkraut hinzufügen. Mit der Brühe begießen und 20 Minuten kochen lassen. Salz, Pfeffer, Honig, Weißwein und Sahne runden den Geschmack ab.

Paprikadressing

1 EL Honig
Salz, Pfeffer
1 EL Wasser
2 TL Paprika

1 EL Senf
150 ml Olivenöl
60 ml Balsam- oder Rotweinessig

Alle Zutaten in ein Gefäß mit Schraubverschluß geben und gut schütteln. In diesem Gefäß hält sich das Dressing im Kühlschrank.
Paprikadressing ist der ideale Begleiter zu grünem Salat.

Paprikacreme

200 g Doppelrahmfrischkäse

1 EL Paprikapulver

1 kleine Zwiebel

1 TL Honig

1 Bund Schnittlauch

1 Paprikaschote

1 Staudensellerie

Frischkäse mit Paprikapulver, gewürfelter Zwiebel, Honig und Schnittlauch vermengen. Paprikaschote halbieren, entstielen und entkernen, waschen und in kleine Würfel schneiden. Würfel zum Frischkäse geben. Staudensellerie in einzelne Stengel teilen und waschen. Stengel trockentupfen und mit der Creme füllen. Das ist eine gesunde Alternative zu Kartoffelchips.

Süßsaures Paprikagemüse

500 g rote und grüne Paprikaschoten

250 g Tomaten

100 g Champignons

1 Zwiebel

Öl

1 Knoblauchzehe

1 EL Zitronensaft

1 EL Essig

200 g saure Sahne

50 g gemischte Kräuter

(Petersilie, Oregano, Basilikum)

1 EL Honig

Paprika putzen und in Streifen schneiden, Tomaten waschen und würfeln (evtl. häuten), Pilze putzen und in Scheiben schneiden, Zwiebeln schälen und hacken. Zwiebeln in Öl anbraten und die restlichen Gemüse, einschließlich des gehackten Knoblauchs, hinzufügen. Zitronensaft und Essig einrühren. Bei geschlossenem Deckel bißfest garen, dann saure Sahne, Kräuter und Honig einrühren, nochmals erhitzen, aber nicht kochen lassen.

Zu süßsaurem Paprikagemüse passen sehr gut Reis und Hühnchen. Das Gemüse kann dann mit Curry abgeschmeckt werden.

Paprikasnacks

1 rote Paprikaschote
1 grüne Paprikaschote
40 g weiche Butter
250 g Doppelrahmfrischkäse
150 g Edelpilzkäse

1 EL Honig
Salz, Pfeffer
2 EL feingehackte Petersilie
1/2 Knoblauchzehe
10 grüne Oliven mit Paprikafüllung

Deckel der Paprikaschoten abschneiden, entstielen, waschen und hacken. Butter, Käse, Honig und Gewürze bzw. Kräuter vermengen, Knoblauch mit Salz zerreiben und zur Masse geben. Paprikawürfel und Oliven hinzufügen und verrühren, die Paprika damit füllen. Mit einem scharfen Messer dünne Scheiben abschneiden.

Pilze

Es gibt nicht viele für Speisezwecke kultivierte Pilze, denn aufgrund ihrer besonderen Lebensräume werden sie mit wenig Erfolg gezüchtet. Die Züchtung von Steinpilz und Pfifferling bringt bislang keine Fruchtkörper hervor. Der Champignon läßt sich jedoch gut kultivieren. Er gedeiht in dunklen Kellern und gilt, da die Umweltgifte im großen und ganzen nicht dorthin gelangen, als relativ unbelastet. Jedoch werden bei der Zucht der Pilze bestimmte Fungizide eingesetzt, damit sich nicht andere, ungewünschte Pilze breitmachen.

Pilze, die in freier Natur wachsen, sind in der Regel mit Schwermetallen belastet, denn sie bauen diese in ihren Stoffwechsel mit ein. Dennoch haben Pilze seit undenklichen Zeiten einen therapeutischen Nutzen für den Menschen. Besonders gut belegt ist dies an Pilzen, die in China wachsen und dort in der Medizin verwendet werden. Es konnte bewiesen werden, daß Chinamorchel (Mu-Err), Shiitake, Austernpilz und Enoki das Blut verdünnen, bei Tieren Krebs vorbeugen, das Cholesterin im Blut senken, das Immunsystem stärken und manche Viren unschädlich machen können.

Der Champignon muß noch mehr erforscht werden. Sicher ist jedoch, daß er mehr Vitamin B$_2$ und B$_3$ enthält als unsere Gemüsesorten. Als Mineral ist Phosphor im Champignon besonders zu erwähnen, denn es gibt es außer Zuckermais kein Gemüse, das an den Phosphorgehalt des Champignons auch nur annähernd heranreicht.

In Japan sind Ständerpilze schon oft in der Volksmedizin gegen Krebs verwendet worden, und es wäre wünschenswert, den Champignon dahingehend zu untersuchen. Ein leckeres Gericht läßt sich mit ihm allemal zubereiten. Der Champignon enthält keine Kohlehydrate und ist im Sinne der Trennkost unter den Eiweißen einzuordnen.

In der modernen Vollwertküche werden Champignons häufig roh einem Salat zugegeben. Da wir in der Literatur widersprüchliche Meinungen dazu gefunden haben, werden wir diesem Beispiel nicht folgen. In den USA gibt es eine Studie, die besagt, daß rohe Champignons Hydrazide enthalten, die vermutlich krebserregend sind. Diese Stoffe werden durch Erhitzung zerstört.

Pilze auf provencalische Art

250 g Champignons	Salz, Pfeffer
1 Zwiebel	1 Prise Curry
2 Knoblauchzehen	100 ml süße Sahne
1 EL Butter	100 ml saure Sahne
2 TL Kräuter der Provence	1 EL Honig

Champignons putzen und in feine Scheiben schneiden, die Zwiebel schälen und hacken, Knoblauch schälen und hacken. Zwiebel und Knoblauch in Butter rösten, Champignons hinzufügen und mit Kräutern, Salz, Pfeffer und Curry würzen. Bei geschlossenem Deckel 5 Minuten dünsten. Sahne und Honig einrühren, abermals erhitzen, aber nicht mehr kochen lassen.

Dazu Weißbrot oder Kartoffeln und einen leichten Salat essen.

Eingelegte Pilze

500 g Champignons
250 g Zwiebeln
1 Bund Petersilie
1 Zitrone
1 Knoblauchzehe
2 EL Olivenöl

1 Lorbeerblatt
Majoran
4 EL Weißwein (trocken)
Pfeffer, Salz
1 EL Honig

Pilze putzen und in Scheiben schneiden, Zwiebeln schälen und würfeln. Petersilie waschen und hacken. Zitrone auspressen. Zwiebeln und Knoblauch in Öl rösten, Pilze hinzugeben. Zitronensaft, Kräuterstiele, Weißwein, Pfeffer und Salz dazugeben und bei schwacher Hitze 15 Minuten ziehen lassen. Danach Kräuterstiele entfernen, Honig einrühren und Pilze zugedeckt an einem kühlen Ort 6 Stunden aufbewahren. Zu Weiß- oder Vollkornbrot essen.

Gebratene Champignons

1 Bund Brunnenkresse
4 Scheiben Weißbrot
100 g Butter
4 kleine Tomaten
2 Zwiebeln

1 EL Senf
200 g süße Sahne
12 gleich große Steinpilze
Salz, Pfeffer
1 EL Honig

Brunnenkresse verlesen und waschen. Brotscheiben dünn mit Butter bestreichen und im Backofen 15 Minuten rösten. Tomaten mit auf den Rost legen. Zwiebeln schälen und hacken, in 30 g Butter dünsten. Senf und Sahne verrühren und ebenfalls heiß werden lassen. Pilze putzen, in Scheiben schneiden, in der restlichen Butter von jeder Seite 2 Minuten braten, salzen und pfeffern. Pilze herausheben und warm stellen. Brunnenkresse in der Pilzbutter schwenken und auf 4 Teller verteilen. Darauf die Brote legen, auf die Brote die Pilze geben. Honig in Sahnesauce einrühren und über die Brote verteilen. Tomaten daneben legen und mit Salat servieren.

Pilzklöße

30 g Butter	Salz, Pfeffer
1 Zwiebel	Petersilie
500 g gemischte Pilze	4 EL Semmelbrösel
1 Ei	1 TL Honig

Für die Klöße Butter in einer Pfanne erhitzen, feingehackte Zwiebel glasig dünsten und geputzte, fein gewürfelte Pilze hinzugeben. So lange rühren, bis keine Flüssigkeit mehr vorhanden ist. Masse auskühlen lassen. Ei, Gewürze, gehackte Petersilie, Semmelbrösel und Honig hinzugeben und Klöße formen. Die Klöße in vegetarischer Brühe 15 Minuten ziehen lassen, nicht kochen.
Pilzklöße zu Möhrensalat und Kartoffeln oder als Einlage einer Suppe essen.

Steinpilze in Weinblättern

20 mittelgroße Weinblätter	1 TL Honig
Öl	Salz, Pfeffer
700 g kleine Steinpilze	1 EL Olivenöl
3 Knoblauchzehen	

Weinblätter waschen, mit leicht gesalzenem kochendem Wasser überbrühen und abtropfen lassen.
Eine feuerfeste Form ölen und mit der Hälfte der Blätter auslegen. Pilze waschen, putzen und in große Stücke schneiden. Knoblauchzehen abziehen, hacken und mit den Pilzen und Honig in die Form geben. Pilze salzen, pfeffern, etwas Öl dazugießen und mit den restlichen Weinblättern abdecken. Die Form schließen und die Pilze bei 180 Grad im Backofen 50 Minuten garen. Die oberen Weinblätter entfernen und die Pilze sofort servieren.

1 l Gemüsebrühe
1 TL frischer Thymian
400 g Shiitake Pilze
Salz, Pfeffer, Muskatnuß
1 TL Honig
125 g Schlagsahne
Schnittlauch

1 kleine Zwiebel
1 Knoblauchzehe
1 große Kartoffel
1 Stange Porree
50 g Knollensellerie
2 EL Butter
100 ml Weißwein

Zwiebeln und Knoblauch abziehen und würfeln. Kartoffel schälen, waschen und in kleine Stücke schneiden, Porree und Sellerie putzen, waschen und kleinschneiden. In der Butter die Gemüse einige Minuten dünsten, mit Wein und Brühe abgießen, mit Thymian würzen. Die Suppe nach 15 Minuten pürieren. Geputzte und kleingeschnittene Pilze hinzufügen und 5 Minuten kochen lassen. Mit Salz, Pfeffer, Muskat und Honig würzen. Sahne steif schlagen und auf die Suppe geben, mit Schnittlauch bestreuen.

Porree

Porree ist verwandt mit der Zwiebel, dem Schnittlauch und dem Knoblauch, schmeckt aber milder als die anderen Laucharten. Er war die Leibspeise von Kaiser Nero, der durch das Verzehren von rohem Porree seine Stimme verbessern wollte. Die im Porree enthaltenen Stoffe lösen den Schleim auf den Atmungsorganen. Als Wintergemüse liefert Porree in der dunklen Jahreszeit Vitamin A, B und C.

Porreesalat

4 Stangen junger Porree	1 EL Öl
1 EL Honig	1 EL saure Sahne
1 EL Essig	Pfeffer, Salz

Porree putzen, waschen und in sehr feine Scheiben schneiden. Aus den Zutaten ein Dressing bereiten und unter den Porree heben.
Porreesalat zu Getreidebratlingen und Kartoffelbrei reichen.

Alpenländisches Porreegemüse

4 Porreestangen	1/4 l dunkles Bier
1 große Kartoffel	1/4 l Gemüsebrühe
2 EL Öl	Thymian, Majoran, Cayennepfeffer, Salz
2 Knoblauchzehen	1 TL Honig

Öl erhitzen, den geputzten und gewaschenen Porree, die geschälte, gewürfelte Kartoffel und den gepreßten Knoblauch hinzugeben. Nach ca. 5 Minuten Bier, Brühe und Gewürze hinzufügen. Zugedeckt 15 Minuten köcheln lassen, mit Honig abschmecken.

Porreesalat mit Putenbrust

750 g Porree
500 g geräucherte Putenbrust
6 EL Öl
4 EL Zitronensaft

10 g frische Ingwerwurzel
1 TL Honig
Salz, Pfeffer

Porree putzen, waschen und in einem Topf mit kochendem Wasser kurz blanchieren, dann in Scheiben schneiden. Geräucherte Putenbrust in Streifen schneiden und mit Porree in einer Schüssel anrichten. Aus den Zutaten ein Dressing rühren und über den Porree gießen.
Als Vorspeise ideal.

Bunter Porreesalat

6 junge Porreestangen
1 Apfel
2 Möhren
5 Blätter Sauerampfer

1 EL Essig
3 EL Öl
1 EL Honig
wenig Pfeffer

Gemüse waschen, putzen, Porree in Scheiben schneiden, Apfel und Möhren raspeln, Sauerampfer in Streifen schneiden. Aus Essig, Öl und Honig ein Dressing bereiten und mit den Gemüsen vermengen.
Dieser Salat paßt sehr gut zu Getreidebratlingen, die manchmal etwas fade schmecken können.

Tomate

Die Tomate ist, so unglaubwürdig es auch klingen mag, mit der Kartoffel verwandt. Auch sie kommt aus Südamerika und hatte es zu Anfang in Europa schwer, denn die Pflanze wurde für giftig gehalten und zunächst nur als Zierpflanze auf die Terrassen oder in den Garten gestellt.

Obwohl der jährliche Pro-Kopf-Verbrauch in Deutschland bei 16 kg Tomaten liegt, wurde der Tomate als Heilpflanze zunächst wenig Beachtung geschenkt. Das änderte sich erst, als viele mittlerweile krebsfreie Menschen die Tomate als ihr bevorzugtes Lebensmittel angaben.

Die Früchte der Pflanze gelten als bester Vitamin C- Spender und enthalten darüberhinaus Karotin, Vitamin B_1 und E. An Spurenelementen werden Magnesium, Kalium und Calcium gefunden.

Die Tomate wird bei Durchblutungsstörungen empfohlen. Sie senkt den Blutdruck und steigert die Absonderung des Magen- und Bauchspeichelsaftes. Bei Blutarmut oder Blutverlusten nach Unfall bzw. Operation ist der Genuß von Tomaten wichtig, der auch werdenden und stillenden Müttern empfohlen wird.

Bei der Tomate ist es wichtig, den grünen Stengelansatz herauszuschneiden. Er ist nicht nur hart, sondern er enthält wie die grüne Kartoffel das Alkaloid Solanin, das gesundheitsschädlich ist. Für die Lagerung gilt: Die Tomaten nicht im Kühlschrank verwahren, denn sie verlieren dort an Geschmack. Wenn Gurken neben Tomaten gelagert werden, vergilben die Gurken schneller.

Tomatensalat

400 g Tomaten	*1 EL Honig*
1 Bund Schnittlauch	*2 EL Balsamessig*
Salz, Pfeffer	*4 EL Olivenöl*

Tomaten waschen, Stielansatz entfernen und in Scheiben schneiden. Aus den restlichen Zutaten eine Marinade bereiten und alles vermengen. Eine Abwandlung: Tomatenscheiben auf einer Platte anrichten, mit Mozzarella belegen, mit frischem Basilikum bestreuen und mit der Marinade beträufeln.

Tomatensuppe

4 Fleischtomaten
1 Zwiebel
1 Knoblauchzehe
1 EL Butter
Salz, Pfeffer

1 EL frisches Basilikum
1 TL Tomatenmark
600 ml Gemüsebrühe
etwas süße Sahne
1 TL Honig

Tomaten einritzen, blanchieren, häuten, evtl. entkernen und kleinschneiden. Zwiebel und Knoblauch schälen und hacken. In einem Topf Butter zerlassen, Zwiebel und Knoblauch dünsten, Tomaten dazugeben, würzen und mit Brühe aufgießen. Zugedeckt 15 Minuten köcheln lassen. Mit Honig abschmecken, in Teller füllen und etwas geschlagene Sahne in die Mitte setzen.
Dazu Knoblauchcroutons.

Tomatensalat mit Thunfisch

1 Dose Thunfisch
1 EL Rotweinessig
Salz, Pfeffer
1 TL Honig
2 Zwiebeln

500 g Tomaten
50 g mittelalter Gauda
1 TL frisches Basilikum
1/2 TL frischer Oregano

Eine Marinade bereiten aus dem Öl des Thunfisches, Essig, Salz, Pfeffer und Honig. Zwiebeln schälen und hacken, zur Marinade geben. In einer Schüssel Tomatenscheiben anrichten, Thunfischstücke mit einer Gabel zerteilen und darauf legen. Die Marinade auf den Salat gießen. Mit Käseraspeln und Kräutern bestreuen.

Eingelegte Tomaten

2 kg kleine Tomaten
4 Schalotten
1 l Weinessig
250 ml Wasser
20 g Salz

20 g Honig
2 Gewürznelken
20 g grüne Pfefferkörner
20 g Senfkörner
1 Päckchen Einmachhilfe

Tomaten waschen, Stielansatz entfernen, in heiß ausgespülte Gläser mit Schraubverschluß füllen. Für die Essiglösung Schalotten schälen und in Scheiben schneiden. Zwiebeln mit den restlichen Zutaten kochen, von der Herdplatte nehmen und die Einmachhilfe einrühren. Sofort über die Tomaten gießen, verschließen, dunkel und kühl aufbewahren.

Tomaten mit Schafskäse

1 kg Tomaten
250 g Schafskäse
10 EL Olivenöl
4 EL Balsamessig

Salz, Pfeffer
1 TL Honig
1 TL Kräuter der Provence

Tomaten waschen, Stengelansätze entfernen und Tomaten achteln. In eine Schüssel geben. Schafskäse abtropfen lassen, in Würfel schneiden oder zerbröckeln, auf die Tomaten legen. Aus den restlichen Zutaten ein Dressing bereiten, über die Tomaten geben und zugedeckt bei Raumtemperatur 30 Minuten ziehen lassen.

Tomatenbrot nach Silvias Art

1 Scheibe Pumpernickel
1 TL Butter
1 Tomate

Salz, Pfeffer
1 TL Honig
Schnittlauch

Pumpernickel mit Butter und Honig bestreichen. Tomate waschen, trockentupfen und in Scheiben schneiden, vorher Stielansatz entfernen. Tomatenscheiben auf das Brot legen, mit Pfeffer und Salz würzen, mit Schnittlauchröllchen garnieren.

Tomatennudeln

4 Eier
1/2 TL Salz
1 EL Öl
1 TL Honig

2 EL Tomatenmark
400 g Mehl
Öl, Butter

Eier, Salz, Öl, Honig und Tomatenmark verrühren und nach und nach das Mehl hinzugeben. Einen Teig bereiten, der glatt und glänzend ist, gegebenenfalls noch Mehl hinzufügen. Teig in einem feuchten Tuch eine halbe Stunde ruhen lassen. Hauchdünn ausrollen und in Streifen schneiden. In reichlich kochendem Wasser mit einem EL Öl 3 Minuten »al dente«, also bißfest, kochen. Abschütten, abschrecken. Butter in einem Topf schmelzen, die Nudeln wieder erhitzen.
Dazu passen grüner Salat und Tomatensauce.

Tomatensauce für Nudeln

4 Zwiebeln	1 EL Tomatenmark
2 Knoblauchzehen	1 EL Majoran
500 g Tomaten	1 TL Honig
3 EL Öl	1 EL Schnittlauch
4 EL Rotwein	

Zwiebeln und Knoblauch schälen und würfeln. Die Tomaten waschen, Stengelansatz entfernen, in kochendes Wasser legen, abschrecken und pellen. Tomaten in Würfel schneiden. Öl erhitzen, Zwiebeln und den Knoblauch darin rösten, Tomatenwürfel hinzufügen und mit Rotwein aufgießen. Gewürze bis auf den Schnittlauch hinzufügen. Sauce vom Herd nehmen, Honig einrühren, die Tomatensauce in eine Sauciere füllen. Mit Schnittlauch bestreuen.

Mitternachtstomatensuppe

1 kg Fleischtomaten	1 Lorbeerblatt
5 Zwiebeln	100 g Tomatenmark
5 Knoblauchzehen	1 EL Honig
1 Paprikaschote	1/2 TL Paprika
3 EL Öl	Salz, Tabasco
150 g Sauerkraut	4 cl Tequila
1 l Gemüsebrühe	1 Becher saure Sahne
125 ml Weißwein	

Tomaten waschen, Stielansatz entfernen, blanchieren, pellen und würfeln. Zwiebeln und Knoblauch schälen und hacken, Paprika putzen, waschen und in feine Streifen schneiden. Öl erhitzen, Zwiebeln und Knoblauch darin glasig dünsten. Sauerkraut hinzufügen und mitdünsten. Mit Brühe, Wein und Gewürzen einschließlich Honig 10 Minuten köcheln lassen. Tequila erhitzen, über die Suppe geben und flambieren. Saure Sahne verrühren und in die Mitte der Suppe setzen.

Rhabarber

Rhabarber zählt zu den Gemüsen, obwohl er bei uns nur als Obst zubereitet wird. In China war Rhabarber schon vor 5000 Jahren bekannt als eine Heilpflanze. In Rußland hieß die Wurzel Rha und wurde von den Barbaren nach Rom gebracht. So entstand der Name Rhabarber.

Während in der Homöopathie die Wurzel des Rhabarbers (Rhizoma Rhei) verwendet wird, verarbeitet man in der Küche die Stengel. Sie enthalten das Provitamin A und Vitamin C, aber auch Oxalsäure, die Kalzium bindet. Stillende Mütter sollten Rhabarber nicht essen, denn der Säugling kann davon Durchfall bekommen.

Rhabarbersaft enthält ein Heilelement, das die Zähne schützt. Grundsätzlich wirkt Rhabarber leicht abführend und harntreibend. Der Saft löscht den Durst und ist für Fiebernde zu empfehlen. Rhabarberkompott mit Honig ist eine stärkende Speise, die vor allem alten Menschen und Rekonvaleszenten neue Kräfte gibt. Rhabarber mit Banane gekocht schmeckt milder.

Rhabarberauflauf

500 g Rhabarber
2 EL Himbeersirup (Marmelade)
10 Stücke Zwieback
3 Eigelb
125 ml Sahne

100 g Honig
1 Msp. Vanille
3 Eiweiß
50 g Honig

Rhabarber putzen, waschen und in Stücke schneiden. Mit Honig und Himbeersirup (ersatzweise auch Marmelade) vermengen und stehenlassen. Dann in einem Topf weich dünsten, aber nicht zerfallen lassen. In eine gefettete Auflauffor den Zwieback legen. Eigelb, Sahne, Honig und eine Messerspitze echte Vanille verrühren, über den Zwieback gießen. Darauf den Rhabarber verteilen. Eiweiß und Honig steifschlagen, auf dem Rhabarber verteilen. Im vorgeheizten Backofen bei 175 Grad 25 Minuten backen.

Dazu paßt Vanillesoße.

Rhabarber mit Weinschaum

500 g Rhabarber	1 Eigelb
1 Prise Zimt	2 EL Honig
2 EL Honig	125 ml trockener Weißwein
1 Ei	

Rhabarber putzen, waschen und in Stücke schneiden. Mit wenig Wasser kochen, aber nicht zerfallen lassen. Etwas abkühlen lassen, mit Zimt würzen und mit Honig süßen. Für die Weinschaumsauce Ei, Eigelb, Honig und Weißwein im Wasserbad erhitzen und diese Masse tüchtig schlagen, aber nicht kochen lassen! Wenn die Masse schaumig ist, in ein Kännchen gießen und zum Rhabarber reichen.

Rhabarberkuchen nach Omas Art

80 g Butter	1 Löffel Wasser
60 g Honig	500 g Rhabarber
1 Prise Salz	50 g Zucker
etwas Zitronenschale	1 TL Zimt
1 Ei	100 g Mandelblättchen
250 g Mehl	1 TL Rum
1 TL Backpulver	Butter

Aus Butter, Honig, Salz, geraspelter Zitronenschale, Ei, Mehl, Backpulver und Wasser einen Mürbeteig herstellen. In Pergamentpapier wickeln und kühl stellen. Rhabarber putzen, waschen und in Stücke schneiden. Teig ausrollen und in eine Springform legen. Die Stücke darauf verteilen und mit der Mischung aus Zucker, Zimt, Mandelblättchen und Rum begießen. Gegebenenfalls noch Butterflöckchen aufsetzen. Bei 200 Grad ungefähr 40 Minuten backen.

Rhabarbercreme

500 g Rhabarber
1/4 l Wasser
60 g Speisestärke
2 Eigelb

1/4 l Apfelwein
100 g Honig
2 Eischnee

Rhabarber putzen, waschen und in Stücke schneiden, mit Wasser kochen. Den mit Speisestärke und Eigelb verrührten Wein hinzugießen, die Masse nochmals kochen lassen, vom Herd nehmen und mit Honig süßen. Eischnee unter die Creme ziehen und kühl stellen.

Rhabarbergrütze

200 g Rhabarber
100 g Erdbeeren
1/4 l Wasser

1/2 Vanillestange
75 g Honig
40 g Sago

Rhabarber waschen, in Stücke schneiden, mit Wasser und Vanillestange kochen. Sago einrühren, 10 Minuten ohne Wärmezufuhr quellen lassen. Inzwischen Erdbeeren waschen, putzen und halbieren, zum Rhabarber geben. Die Grütze nochmals erwärmen, bis der Sago glasig aussieht. Vanilleschote entfernen und mit Honig süßen und kühl stellen.

Rote Rübe/Rote Bete

Rote Bete gehört zu den Kohlarten, verdient aber wegen ihrer besonderen Heil-
stoffe einzeln aufgeführt zu werden. Rote Rüben (Rote Bete) haben sehr viele
Heil- und Wirkstoffe (Kalium, Calcium, Phosphor, Schwefel, Jod, Eisen, Kupfer
und alle anderen Spurenelemente). In der Roten Rübe sind die Vitamine B_1, B_2
und C und P enthalten.

Die Rote Rübe ist als Pflanze geeignet für die Blutbildung und Blutverbesserung.
Obwohl die Rote Rübe vor 2000 Jahren durch Züchtung entstand, wird sie bei
uns erst seit 1961 richtig geschätzt. Da fand Dr. A. Ferenczi heraus, daß in der Roten Rübe Anthocyan zu finden ist, ein Stoff, der tumorfeindliche Wirkung hat. Das
im roten Farbstoff enthaltene Eisen fördert die Bildung von roten Blutkörperchen
im Körper. Weiter werden Rote Rüben angewendet bei Malaria, Fieber, Grippe,
Blutdruckregulierung und bei Nervenleiden.

In den Ländern, in denen die Rote Rübe besonders geschätzt wird, verzehrt man
die Knollen auch roh, während bei uns die Rübe meistens konserviert bzw. sauer
eingelegt wird.

Nudeln mit roter Rübe

400 g rote Rüben	*Salz, Pfeffer*
1 Knoblauchzehe	*250 g Vollkornnudeln*
1 TL Öl	*1 EL Öl*
1/8 l Gemüsebrühe	*100 ml Sahne*
1 TL Honig	

Blätter der roten Rüben abschneiden, Rüben schälen (am besten mit Handschu-
hen) und raspeln. Knoblauchzehe schälen und hacken. Öl erhitzen und Knoblauch anbraten, rote Rüben hinzufügen, mit Brühe ablöschen und mit Honig, Salz
und Pfeffer würzen. Die Vollkornnudeln in Wasser mit Salz und 1 EL Öl kochen,
abgießen und unter die roten Rüben mischen, Sahne unterheben.
Auf Teller verteilen und zu Getreidebratlingen essen.

Rote-Bete-Trunk

6 große Knollen rote Bete   2 TL Honig
3 EL Zitronensaft   1 Msp gemahlener Ingwer
4 EL Vollmilchjoghurt

Rote Rüben putzen, waschen und schälen, grob zerkleinern und in den Entsafter geben (oder Saft im Reformhaus kaufen). Die restlichen Zutaten hinzufügen und, schluckweise über den Tag verteilt, trinken.
Gut kühlen.

Rote Rüben überbacken

3 Knollen rote Rüben   1 EL geriebener Meerrettich
2 Zwiebeln   1 TL Senf
2 EL Butter   1 Msp gemahlener Ingwer
2 EL Wasser   1 TL Honig
Salz   50 g mittelalter Gouda
3 EL Crème fraîche

Knollen putzen, waschen, schälen und in dünne Scheiben schneiden oder hobeln. Zwiebeln würfeln und in Butter dünsten, die rote Bete hinzufügen und mitdünsten. Mit Wasser ablöschen und mit wenig Salz würzen. Die restlichen Zutaten bis auf den Gouda verrühren, mit der roten Bete vermengen, ziehen lassen. Rote Rüben in eine feuerfeste Form geben und mit dem Käse bestreuen. Im Backofen kurz überbacken.

Rote Bete mit Hering

2 rote Rüben	2 sauer eingelegte Heringe
1 Apfel	150 ml süße Sahne
2 Gewürzgurken	1 TL Honig
1 Zwiebel	1 EL Essig
1 Ei	Salz, Pfeffer

Rote Rüben von den Blättern befreien, dabei die Knollen nicht beschädigen. In kochendem Wasser gar kochen, abschrecken, schälen und würfeln. Apfel und Gurken würfeln. Zwiebeln in feine Ringe, Ei in Scheiben und Hering in Streifen schneiden. Die Zutaten bis auf das Ei in einer Schüssel anrichten. Aus Sahne, Honig, Essig und Gewürzen eine Marinade bereiten und unter die Gemüse mischen. Mit Eischeiben garnieren. Dazu Pellkartoffeln.

Borschtsch vegetarisch

400 g rote Bete	50 g Petersilienwurzel
50 g Butter	300 g Weißkohl
30 g Honig	2 l Gemüsebrühe
50 g Tomatenmark	Salz, Pfeffer
Saft von 1/2 Zitrone	1 EL saure Sahne
1 kleine Zwiebel	1/2 Bund Petersilie

Rote Rüben schälen und raspeln. In einem Topf die Hälfte der Butter erhitzen, rote Bete hineingeben, 20 g Honig und Tomatenmark hinzufügen, mit etwas Zitronensaft beträufeln. Zugedeckt im eigenen Saft bei mäßiger Hitze garen. Im restlichen Fett Zwiebel rösten, gewürfelte Petersilienwurzel hineingeben und einige Minuten anbräunen. Weißkohl waschen und in feine Streifen schneiden, zum Wurzelwerk geben, mit Brühe auffüllen, salzen, pfeffern und im geschlossenem Topf weichkochen. Gedünstete rote Bete hinzugeben und mit saurer Sahne binden. Süß-sauer mit Zitronensaft und Honig abschmecken. Mit Petersilie bestreuen. Weißkohl kann durch Sauerkraut ersetzt werden.

Sellerie

Der Gartensellerie enthält die Vitamine A, B, C und E, ferner Spurenelemente und ätherische Öle. Sellerie wirkt heilend bei Wassersucht, Rheumatismus, Gicht und Fettsucht, Lungenkatarrh, Blähungen, Magenschwäche und Appetitlosigkeit. Die Geschichte des Sellerie ist wechselhaft. Mal ist er Ausdruck von Tod und Leid, mal Sinnbild von Freude und Schönheit wie bei Homer. Durch den berühmten »Waldorfsalat« wurde der Sellerie salonfähig und bedeutungsvoller, als er es als Suppenzutat gewesen ist. Die grünen Blätter des Knollensellerie enthalten sehr viele Vitamine und Mineralien, und sie können sehr gut für Suppe verwendet werden. Einen Wermutstropfen gibt es allerdings: Sellerie ist häufig Auslöser einer Lebensmittelallergie.

Selleriesalat

2 Knollensellerie	*1 TL Honig*
1 Apfel	*1/2 El Essig*
50 g Rosinen	*1 EL Öl*

Sellerie schälen und fein reiben. Apfel waschen, halbieren und fein reiben. In einer Schüssel mit Rosinen, Honig, Essig und Öl vermengen und zugedeckt eine halbe Stunde ziehen lassen.

Gefüllter Sellerie

2 Knollen Sellerie	Salz, Pfeffer
2 EL Zitronensaft	1 TL Honig
1 Zwiebel	2 EL Weißwein
1 EL Öl	6 EL Sahne
200 g Champignons	Salz, Pfeffer
150 ml Sahne	1 TL Honig

Knollen schälen, waschen und mit Zitronensaft kochen, bis sie weich sind. Das Kochwasser auffangen. Zwiebel würfeln und in Öl anbraten. Pilze putzen, in Scheiben schneiden und zu der Zwiebel geben. Sellerieknollen halbieren und vorsichtig aushöhlen. Selleriefleisch zu den Pilzen geben, mit Sahne aufgießen und mit Salz, Pfeffer und Honig würzen. Eine Sauce bereiten aus Wein, Sahne, Salz, Pfeffer und Honig. Sellerieknollen in eine gefettete Auflaufform setzen und mit der Pilzmasse füllen, mit der Weinsauce übergießen und im Backofen bei 200 Grad 10 Minuten backen.
Dazu Kartoffelpüree reichen.

Staudenselleriesalat

3 Stengel Staudensellerie	80 g saure Sahne
1 Mango	1 Becher Joghurt
2 Kiwis	1 EL Honig
2 Äpfel	Salz, Pfeffer
Saft von 1 Zitrone	1/2 TL gemahlener Ingwer

Sellerie waschen und in feine Streifen schneiden, Mango schälen, halbieren, entsteinen und in Streifen schneiden. Kiwis schälen, in Scheiben schneiden, Äpfel waschen, halbieren, das Kerngehäuse entfernen und fein schneiden. Alles mit Zitronensaft beträufeln. Für die Salatsauce die restlichen Zutaten verrühren und unterheben.

Selleriecremesuppe

1 Stange Porree
500 g Sellerie
150 g Möhren
1 EL Butter
1 Knoblauchzehe
Salz, Pfeffer

1 l Gemüsebrühe
125 g Schlagsahne
1 Ei
1 TL Honig
50 g Roquefort

Gemüse putzen und klein schneiden. Butter erhitzen, Gemüse mit Knoblauch dünsten. Mit Salz und Pfeffer würzen und mit Gemüsebrühe auffüllen. Eine Viertelstunde köcheln lassen. Die Suppe vom Herd nehmen. Sahne schlagen, Ei, Honig und Käse verrühren. In die Suppe rühren, aber nicht mehr aufkochen lassen. Dazu Knoblauchcroutons.

Waldorfsalat mit Honig

100 g Walnüsse
3 kleine Äpfel
Saft einer Zitrone
2 Sellerieknollen
4 EL leichte Mayonnaise

4 EL Schlagsahne
Salz, Pfeffer
1 TL Honig
Worcestershiresauce
1 kleiner Kopfsalat

Walnußkerne hacken. Äpfel waschen, hobeln und mit Zitronensaft beträufeln. Sellerieknollen schälen und raspeln, die Gemüse und die Nüsse in eine Schüssel füllen. Aus den restlichen Zutaten ein Dressing bereiten und mit der Selleriemischung vermengen. Zugedeckt im Kühlschrank ziehen lassen. Den Kopfsalat waschen, putzen und in seine Blätter zerlegen. Damit vier Glasschalen auslegen und den Waldorfsalat darauf füllen.

Spargel

Der Anbau von Spargel ist zeit- und kostenaufwendig und blieb daher lange Zeit den Reichen als Speise vorbehalten, so daß sein Beiname »königliches Gemüse« lange Zeit seine Rechtfertigung behielt. Die im Spargel vorkommenden Öle und Stoffe wie Asparagin, Bernsteinsäure, Tyrosin und Methylmerkaptan wirken heilend. Spargel steigert die Tätigkeit der Nieren und ist eine Diätpflanze nicht nur für Zuckerkranke. Spargel wurde im alten China schon vor 5000 Jahren als Heilpflanze T'ien man Tung bei trockenem Husten, bei Hautschwellungen und Geschwüren angewendet. Zur Begrüßung wurden die Füße eines Gastes in Spargelwasser gebadet. Das nahm die Hitze und die Schmerzen aus den Füßen. In Deutschland gibt es Spargel seit dem 16. Jahrhundert.

In neuerer Zeit wird häufig der veredelte grüne Spargel angeboten, der seine Beliebtheit dem zarten Geschmack und der größeren Vitaminreichhaltigkeit verdankt. Für die Zubereitung von Spargel gilt: Das Spargelwasser nie weggießen, sondern vor dem Essen trinken.

Spargelsalat

500 g weißer Spargel	*1 TL Balsamessig*
Salz	*3 EL Öl*
1 TL Honig	*Salz, Pfeffer*
300 g Zuckerschoten	*1 TL Honig*
1 Zitrone	*1 kleiner Kopfsalat*

Spargelstangen schälen, waschen und in 5 cm lange Stücke schneiden. Salz und Honig mit Wasser erhitzen und den Spargel bei mittlerer Hitze 15 Minuten garen. Zuckerschoten waschen und abtropfen lassen. Stiel- und Blütenansätze abschneiden. Zuckerschoten zum Spargel geben und 3 Minuten mitkochen. Das Gemüse abgießen, aber das Kochwasser auffangen. Ein Dressing aus Zitronensaft, Essig, Öl, Gewürzen und Honig bereiten, 150 ml des Spargelwassers mit einrühren. Die Marinade mit den Gemüsen vermengen und zugedeckt eine Stunde ruhen lassen. Kopfsalat waschen, in eine Schüssel legen, darauf die Gemüse verteilen und servieren.

Spargel-Tofu-Salat

400 g grüner Spargel
5 EL Sojasauce
4 EL Zitronensaft
3 TL Honig

5 EL Sesamöl
250 g Tofu
2 Zwiebeln
30 g Kresse

Spargel nur am unteren Drittel schälen und in 5 cm lange Stücke schneiden. Wasser mit 1 EL Sojasauce zum Kochen bringen und den Spargel darin 5 Minuten garen. Aus der restlichen Sojasauce, Zitronensaft, Honig und Öl ein Dressing bereiten. Tofu würfeln, Zwiebeln und Kresse hacken, alle Zutaten vorsichtig vermengen. Sofort servieren.

Spargelcremesuppe

250 g Spargel
1/2 l Wasser
3 EL Butter
2 EL Mehl
1/4 l Sahne

1 TL Honig
1 Eigelb
Zitronensaft
Salz, Pfeffer
Petersilie

Spargel schälen, kochen, abgießen, das Gemüsewasser auffangen. Butter erhitzen, Mehl hinzugeben und mit Spargelbrühe auffüllen, 1 Minute kochen lassen. Vom Herd nehmen und Schlagsahne, Honig und Eigelb einrühren. Kurz erhitzen, aber nicht mehr kochen lassen. Spargel hineinlegen. Mit einem Spritzer Zitronensaft, Salz und Pfeffer abschmecken, mit Petersilie bestreuen.

Spargel-Rucola-Salat

500 g weißer Spargel	*4 EL Orangensaft*
500 g grüner Spargel	*2 EL Apfelessig*
Salz, Pfeffer	*2 EL Olivenöl*
1 TL Honig	*1 TL Honig*
1/2 Orange	*120 g Rucola*

Spargel schälen (den grünen nur im unteren Drittel), Stangen farblich getrennt mit Küchengarn zusammenbinden und in Wasser mit Salz, Pfeffer, Honig und der in Scheiben geschnittenen Orange garen (den grünen Spargel eher entnehmen). Aus Orangensaft, Essig, Olivenöl und Honig ein Dressing zubereiten, 4 EL des Spargelwassers hinzufügen. Das Dressing mit dem in 4 cm lange Stücke geschnittenen Spargel vermengen und auf dem gewaschenen und in Streifen geschnittenen Rucola anrichten.

Spargel mit herzhafter Zabaione

500 g Spargel	*Salz, Pfeffer*
Salz, Butter, Honig	*1 TL Honig*
1/4 l Gemüsebrühe	*1 TL Zitronensaft*
6 Eigelb	*Worcestershiresauce*

Spargel schälen und in Wasser mit etwas Salz, Butter und Honig kochen. Spargel entnehmen und abtropfen lassen, warm halten. Brühe und Eigelbe verrühren und im heißen Wasserbad mit dem Schneebesen so lange schlagen, bis die Zabaione im Topf hochsteigt. Dann ins kalte Wasserbad stellen und weiterschlagen, bis sie etwas abgekühlt ist. Mit Salz, Pfeffer, Honig, Zitronensaft und der Worcestershiresauce abschmecken. Spargel auf einer Platte anrichten und mit der Zabaione servieren.

Spargellasagne

10 Lasagneblätter
1 kg grüner Spargel
40 g Butter
2 EL Mehl
1/4 l Spargelwasser

1/4 l Milch
Salz, Pfeffer, Muskatnuß
1 EL Honig
100 g geriebener mittelalter Gouda

Lasagneblätter in Wasser al dente kochen, Spargel im unteren Drittel schälen und bißfest garen. Aus Butter und Mehl eine Schwitze herstellen, mit etwa 1/4 l Spargelwasser und 1/4 l Milch ablöschen, dann nochmals köcheln lassen. Topf von der Platte nehmen, die Schwitze mit Gewürzen und Honig verrühren. Eine Auflaufform fetten, abwechselnd Lasagneblätter und Spargel hineinlegen. Mit Sauce übergießen und mit Käse bestreuen. Im vorgeheizten Backofen bei 200 Grad 20 Minuten überbacken.

Spinat

Wer weiß, wie viele Generationen von Kleinkindern mit Spinat drangsaliert wurden und wie viele Kinder davon als Erwachsene nie wieder Spinat essen mochten. In bezug auf die Heilkraft hatten die Mütter recht, denn die wertvollen Bestandteile der Spinatblätter sind Eiweiße, Mineralstoffe, Provitamin A und die Vitamine C und K. Außerdem enthält Spinat Kiesel- und Oxalsäure. Im 19. Jahrhundert galt Spinat als König unter den Gemüsen und wurde für alle Fälle von Anämie, Blutarmut, Herzunregelmäßigkeiten, Nierenstörung und Antriebsschwäche empfohlen. Heutzutage konnte man die Senkung des Krebsrisikos beweisen und bei Tieren das Blutcholesterin senken.

Mangold wird oft ähnlich wie Spinat zubereitet, gehört aber, botanisch gesehen, zu den Kohlpflanzen, während Spinat zu den Gänsefußgewächsen gezählt wird.

Spinatsalat mit Nußdressing

300 g Spinatblätter
1 Tomate
1 Zwiebel
100 ml Sahne
1 EL Walnußöl
Saft einer Zitrone

Salz, Pfeffer
1 EL Honig
1 EL grob gehackte Nüsse
1 TL geriebene Schale
einer unbehandelten Zitrone

Spinat verlesen, waschen und kurz in kochendes Wasser tauchen. Tomate vom Stielansatz befreien, würfeln und mit dem Spinat in eine Schüssel füllen. Zwiebel hacken und darüber streuen. Aus den restlichen Zutaten ein Dressing bereiten, über den Spinat gießen und mit Nüssen und Zitronenschale bestreuen.

Spinatsalat mit Krebsdressing

250 g Spinatblättchen
1 Msp. gehackter Knoblauch
1 EL Weinbrand
1 EL Olivenöl
2 EL Krebsbutter
1/4 l Weißwein
Salz

Cayennepfeffer
1 TL Honig
1 EL Zitronensaft
1 EL Tomatenpüree
1 Eigelb
1/8 l Sahne

Spinat putzen und waschen. Für das Dressing Knoblauch, Weinbrand, Öl, Krebsbutter, Weißwein, Salz, Pfeffer, Honig, Zitronensaft, Tomatenpüree und Eigelb kräftig schlagen. Sahne schlagen und unterheben. Spinat anrichten und mit dem Dressing übergießen.

Chicoréesalat

Gebackene Zucchini mit mildem Zaziki

Reibeplätzchen mit Apfelkompott

Gebackener Blumenkohl

Chinakohlsalat mit Äpfeln

Paprikasnacks

Champignons provencalisch

Heringssalat mit roter Rübe; ein klassisches Rezept mit Honig neu aufgelegt

Spinatsalat mit Ei

2 EL Öl
Saft einer halben Zitrone
Salz, Pfeffer

1 TL Honig
250 g Blattspinat
2 hartgekochte Eier

Aus Öl, Zitronensaft, Gewürzen und Honig ein Dressing bereiten. Spinat putzen, waschen, kurz in kochendes Wasser tauchen. In Streifen schneiden und in einer Schüssel anrichten. Mit Eierwürfeln bestreuen und mit dem Dressing übergießen.

Spinatsuppe

1 kg Spinat
1 Zwiebel
1 Bund Petersilie
1 EL Öl
1/2 l Gemüsebrühe

100 g Crème fraîche
Saft von einer Zitrone
Pfeffer, Salz
1 TL Honig

Spinat verlesen, waschen und grob zerkleinern, Zwiebel und Petersilie fein hacken. Öl erhitzen, Zwiebel anbraten und Brühe hinzugeben. Spinat und Crème fraîche zur Brühe geben, mit Zitronensaft und Gewürzen erneut aufkochen. Mit Honig geschmacklich abrunden.

Fischfilets in Spinat

4 große Spinatblätter
1 Bund Petersilie
5 Spritzer Zitronensaft

2 EL Kokosraspel
1 TL Honig
2 Rotbarschfilets

Spinatblätter putzen und waschen, in kochendes Wasser tauchen und in kaltem Wasser abschrecken. Petersilie waschen und hacken, mit Zitronensaft, Kokosraspeln und Honig vermengen, auf die Spinatblätter geben. Rotbarsch halbieren und auf die Blätter verteilen. Blätter über dem Fisch zusammenschlagen und mit Holzstäbchen feststecken. In einem Topf mit Dampfeinsatz garen.
Dazu Reis mit Rosinen und ein Sprossensalat.

Spinat mit Nußspätzle

250 g Spätzle
Salz
1 EL Öl
50 g gemischte Nüsse
300 g Blattspinat
4 Schalotten

2 Knoblauchzehen
100 ml Sahne
1 EL Öl
Pfeffer, Salz
1 TL Honig

Nudeln in Wasser mit Salz und Öl kochen, Nüsse in einer Pfanne ohne Öl rösten. Spinat waschen, Schalotten und Knoblauch würfeln, dünsten, Spinat hinzufügen und nach einer halben Minute mit Sahne löschen. Mit Pfeffer, Salz und Honig geschmacklich abrunden. Spätzle in Butter schwenken, Nüsse hinzugeben. Zum Spinat servieren.

Zwiebel

Es gibt zahlreiche Sorten, die sich in Größe, Form und Farbe unterscheiden, aber gleiche heilende Kräfte haben. Durch das Kochen wird der stechende Geschmack der Zwiebel süßlich, was sich durch Honig verfeinern läßt. Die Zwiebel zählt zu den ältesten Heilpflanzen. Die Stoffe der Zwiebel wirken, ähnlich dem Knoblauch, u. a. anregend auf die Durchblutung der Schleimhäute, blutreinigend, appetitanregend, harntreibend, nervenstärkend, verdauungsfördernd, schleimlösend und entgiftend. Die Heileigenschaften beruhen zum einen auf der bakteriziden und funqiziden Wirkung der enthaltenen Phytonzide und zum anderen auf dem Farbstoff Querzetin, der in den trockenen Außenschalen vorhanden ist und Geschwulstbildungen verhindert.

Überbackene Sahnezwiebeln

500 g Gemüsezwiebeln
1 EL Butter
Salz, Pfeffer, Thymian
250 ml Sahne

1 TL Honig
150 g mittelalter Gouda
4 Scheiben Vollkorntoast
2 EL Butter

Zwiebeln schälen und in Würfel schneiden, in Butter glasig dünsten und mit Gewürzen abschmecken. In eine kleine feuerfeste Form geben. Sahne mit Honig verrühren und darüber gießen. Käse raspeln, auf die Zwiebeln streuen. Toastbrot in Dreiecke schneiden, Butterflöckchen darauf verteilen und auf die Zwiebeln setzen. 20 Minuten im Backofen bei 200 Grad backen.

Scharfe Zwiebelsauce

500 g Zwiebeln	6 Lorbeerblätter
4 Knoblauchzehen	Salz, Pfeffer
4 rote Chilischoten	4 EL Tomatenmark
2 kg rote Paprika	1 TL Honig
1 kg Fleischtomaten	Thymian, Oregano, Basilikum
1/8 l Olivenöl	

Alle Gemüse putzen, waschen und würfeln. Tomaten blanchieren, pellen, würfeln. Olivenöl erhitzen, Zwiebeln und Knoblauch dünsten, Chili und Lorbeerblätter hinzufügen, dann das restliche Gemüse. Salzen und pfeffern und mit dem Tomatenmark 30 Minuten köcheln lassen. Honig und nach Geschmack Thymian, Oregano und Basilikum hinzufügen.
Diese Sauce eignet sich hervorragend, um eine Erkältung zu vertreiben. Mit Weißbrot und Oliven essen.

Zwiebelsuppe

1 kg Gemüsezwiebeln	1 TL Honig
65 g Butter	Salz, Pfeffer
1 l Gemüsebrühe	6 Scheiben Toastbrot
250 ml Weißwein	100 g mittelalter Gouda

Zwiebeln schälen, in Scheiben schneiden und in Butter andünsten, mit Brühe aufgießen. Wein mit Honig, Salz und Pfeffer vermengen und zur Brühe geben. Toasts dünn mit Butter bestreichen und den Käse darauf reiben. Die Suppe in feuerfeste Suppentassen füllen, die Toasts darauf legen und im Ofen kurz überbacken.

Zwiebelsalat mit Orangen

300 g rote Zwiebeln
3 Orangen
3 EL Öl
1 EL Essig

2 EL Cream Sherry
1 TL Honig
Salz, Pfeffer

Zwiebeln schälen und in hauchdünne Scheiben schneiden. Orangen schälen und in Scheiben schneiden. Aus Öl, Essig, Sherry, Honig, Salz und Pfeffer ein Dressing zubereiten. Mit Zwiebeln und Orangen vermengen und durchziehen lassen. Salat zu kurzgebratenem Fleisch oder Getreidebratlingen reichen.

Zwiebelkuchen

350 g Mehl
1 Würfel Hefe
1 TL Honig
200 g warmes Wasser
50 g zerlassene Butter
3 kg Gemüsezwiebeln

2 Eier
1 TL Honig
1 Becher saure Sahne
Thymian, Salz, Pfeffer
150 g geriebener Emmentaler
Schnittlauch

Mehl in eine Schüssel geben, in der Mitte in eine Vertiefung Hefe hineinbröckeln, Honig darauf geben und mit der Hälfte des Wassers an einem warmen Ort gehen lassen. Mit dem Knethaken des Rührgerätes den Teig mischen, das restliche Wasser und die zerlassene Butter hinzufügen und abermals gehen lassen. Ausrollen, ein Backblech damit auslegen. Für den Belag die Zwiebeln schälen und in Ringe schneiden, auf dem Teig verteilen. Aus Eiern, Honig, Sahne und Gewürzen eine Sauce herstellen, über den Zwiebeln verteilen. Mit Käse bestreuen und im vorgeheizten Backofen 40 Minuten bei 200 Grad backen.
Schnittlauch erst auf den fertigen Kuchen streuen.

Kräuter

Kräuter sind uns aus der frühesten Zivilisation bekannt. In Persien, Ägypten, Indien, Griechenland und China gibt es Belege, daß Kräuter angebaut wurden, welche Verwendung sie fanden und welche Heilkräfte sie neben der Würzkraft hatten.

Diese Heilkräfte müssen schon von den Menschen der Frühzeit entdeckt worden sein. In unserer modernen Zeit fand man mit wissenschaftlichen Untersuchungen eine stoffliche Basis der Heilwirkungen. Wichtig zu wissen ist, daß viele pflanzliche Produkte im tierischen und menschlichen Organismus Wirkungen entfalten, Krankheiten heilen helfen und Funktionsstörungen beheben. Die Wirkstoffe der Pflanzen, insbesondere der Kräuter, greifen in das Stoffwechselgeschehen von Tier und Mensch ein. Neben den Heilpflanzen, die häufig nur in Klostergärten oder wild wachsend zu finden waren, kristallisierten sich im Laufe der Zeit Kräuter heraus, die bald in den meisten Bauerngärten zu finden waren. Sie wurden ursprünglich wegen ihrer Würzkraft verwendet, denn die Beschaffung von Salz war im Mittelalter schwierig und kostspielig. Das gleiche galt für Gewürze, die per Schiff nach Mitteleuropa kamen. Auch sie waren nur begrenzt zu bekommen und dementsprechend kostspielig.

Küchenkräuter haben neben der Würzkraft, wie bereits erwähnt, auch eine Heilkraft. Durch die Verwendung getrockneter Kräuter aus dem Supermarkt geht jedoch von beidem etwas verloren. Dabei gedeihen frische Kräuter sogar im Blumenkasten auf jeder Fensterbank. Das Würzen mit Kräutern macht die Speisen bekömmlicher und hilft, Salz zu sparen. Frische Kräuter können auch gelagert werden, wobei sie entweder getrocknet, in Öl eingelagert oder milchsauer eingelegt werden. Bei einigen Kräutern empfiehlt sich auch das Einfrieren, um den ganzen Winter über die Kräuter verfügen zu können.

Die Verarbeitung der frischen Kräuter sollte immer mit dem Messer und nicht maschinell erfolgen. Mixer und Küchenmaschine hacken die Kräuter viel zu fein. Dabei werden sie fransig oder matschig und lassen sich nicht mehr so gut verteilen. Meist werden mehrere Kräuter gemeinsam verwendet und die Rezepte folgen mit wenigen Ausnahmen am Ende des Kräuterkapitels.

Basilikum

Er hat ein pfeffriges, wenngleich süßes Aroma und paßt feingeschnitten fast zu jedem Gericht. Allerdings harmonieren Tomaten und Basilikum am besten. Den aromatischsten Duft haben die Blätter bei Beginn der Blütezeit. Das frische Kraut wirkt appetitanregend und verdauungsfördernd, aber auch sehr stark und sollte daher nur mäßig verwendet werden. Basilikum hilft bei Erkrankungen im Magen-Darm-Bereich, bei Lungenkrankheiten oder bei Erkrankungen der Harnorgane.

Bohnenkraut

Bohnenkraut wuchs bereits im Garten von Karl dem Großen. Es ist einjährig und wird zweimal geerntet. Die beste Heil- bzw. Würzkraft liegt zu Beginn der Blüte. Es verfeinert, sparsam verwendet, alle Bohnengerichte, weil es deren Eigengeschmack verstärkt. Es paßt aber auch zu Fleisch, Fisch, kräftigen Suppen, Salaten und Kartoffelspeisen. Heilend wirkt es bei Durchfällen aller Art, Magen- und Darmkrämpfe klingen ab. Bohnenkraut wirkt bei Linsen-, Erbsen-, Bohnen- und Kohlgerichten deren blähenden Eigenschaften entgegen und verhindert so nachteilige Verdauungsvorgänge.

Borretsch (Gurkenkraut)

Borretsch ist das Gewürz für Gurken. Verwendet werden nur die jungen Blätter, die noch nicht so stark behaart sind. Neben Gurken werden Saucen, Salate, Fisch, Kohlrabi und Wirsing mit den Blättern des Borretschs gewürzt. Die blaue Blüte wird Erfrischungsgetränken hinzugefügt.
Der Name Borretsch sagt schon einiges über dieses Kraut. Das lateinische Wort »borage« ist entstanden aus dem altarabischen Wort »abo-rag«, und das bedeutet »Vater des Schweißes«. Borretsch wirkt lindernd bei nervösen Herzbeschwerden, fiebersenkend, erfrischend und belebend.

Apfelkaltschale mit Borretsch

500 g Äpfel	2 gestrichene EL Speisestärke
250 ml Weißwein	100 g Honig
250 ml Wasser	5 Borretschblätter
125 ml Zitronensaft	10 Borretschblüten

Äpfel schälen, vierteln und entkernen, in Streifen schneiden und mit den Flüssigkeiten dünsten. Apfelstücke herausnehmen, Flüssigkeit mit in Wasser gelöster Speisestärke binden, kurz aufkochen lassen, abkühlen, Honig einrühren, Blüten und Blätter hineingeben und zugedeckt im Kühlschrank eine Stunde ziehen lassen.

Dill

Dill und Gurken gehören wie Borretsch und Gurken unweigerlich zusammen. Dennoch ist Dill vielseitig. Er kann frischen Salaten einen feinen Charme geben oder Fisch-, Geflügel- und Kräutersaucen abrunden. Bei den Ägyptern wurde Dill gegen Kopfschmerzen und zur Beruhigung streitsüchtiger Trunkenbolde eingesetzt. Heute werden Dill außerdem milchfördernde Eigenschaften bei stillenden Müttern und entkrampfende Wirkung im Bauchraum nachgesagt. Abends gegessen, fördert Dill den nächtlichen Schlaf.

Gurkensalat mit Dill

1 reife Salatgurke	1 TL Honig
1 Schalotte	Salz, Pfeffer
1 Becher Joghurt	4 EL gehackter Dill
1 EL Senf	

Gurken aus konventionellem Anbau schälen, andere Gurken nur waschen und in feine Scheiben schneiden. Schalotte schälen und hacken, mit den anderen Zutaten ein Dressing bereiten und über die Gurke geben.

Dillessig

2 große Zweige Dill
1 EL Honig
750 ml Obstessig

Zusammen in eine Flasche geben und an einem Fenster eine Woche ziehen lassen, dann im Kühlschrank aufbewahren.

Dillbutter

4 EL weiche Butter   *1 EL feingehackter Dill*
1 TL Honig   *Zitronensaft*
Salz, Pfeffer

Butter mit Honig, Salz, Pfeffer und Dill verrühren und mit Zitronensaft abschmecken. Paßt zu Fisch und Pellkartoffeln.

Dillsauce

1 EL Essig   *1 Schalotte*
3 EL Öl   *1 EL gehackter Dill*
1 EL saure Sahne   *1 TL Honig*

Zutaten zu einer Sauce verarbeiten und zu Fisch, Eiern und Kartoffeln reichen oder als Dip für verschiedene knackige Gemüse wie Möhren und Paprika.

Estragon

Seit der Zeit der Kreuzzüge ist Estragon in Mitteleuropa bekannt. Estragon verliert getrocknet erheblich an Geschmack und sollte deshalb frisch zu Fisch, Suppen, Kräuterbutter, Salaten, Omeletts, Ragouts und Fleisch gegeben werden. Estragon kann, um seinen Geschmack zu erhalten, direkt in Essig oder Öl gegeben werden, wobei diese den typischen aromatischen Geschmack annehmen. Estragonsenf ist in weiten Teilen Süddeutschlands und Österreichs bekannt. Estragon wirkt, wie die meisten Küchenkräuter, appetitanregend.

Ingwer

Ingwer wurde bereits vor zweitausend Jahren in China in den medizinischen Schriften erwähnt und ist aus der chinesischen Medizin nicht wegzudenken. Die Hälfte der Rezepturen, die aus mehreren Bestandteilen zusammengesetzt sind, beinhalten Ingwer. Die braune Knolle mit dem scharfen, zitronenartigen Geschmack steht in dem Ruf, Cholesterin im Blut zu senken, Blut ähnlich dem Ginkgo biloba zu verdünnen bzw. der Gerinnselbildung im Blut besser entgegenzuwirken. Im Altertum wußte man, daß Ingwer gegen Übelkeit und Erbrechen wirksam ist. Tee aus frischem Ingwer wird in Indien, mit Honig gesüßt, gegen Keuchhusten eingesetzt. Getrocknet wirkt Ingwer bei Leibschmerzen und Durchfall, frisch außerdem noch bei Blähungen und Fieber. Ein weiterer therapeutischer Nutzen von Ingwer ist, daß das Nervensystem sensibilisiert, ein nervöser Magen beruhigt wird.

Ingwerplätzchen

200 g Mehl
1 gestr. TL Backpulver
4 EL Honig
3 TL gemahlener Ingwer

abgeriebene Schale von
1/2 unbehandelten Zitrone
50 g kalte Butter

Mit dem Knethaken des Handrührgerätes einen glatten Teig bereiten, im Kühlschrank ruhen lassen. Backofen auf 180 Grad vorheizen, Backblech mit Pergamentpapier auslegen und die ausgestochenen Plätzchen darauf legen. Mit Honigwasser oder Eigelb bestreichen.

Gingerhearts

120 g Butter
100 g Honig
1 Ei
1 Päckchen Vanillezucker oder
1 Msp. Vanille

Salz
1 TL Ingwerpulver
200 g Mehl
50 g Speisestärke
1 TL Backpulver

Aus den Zutaten einen glatten Teig zubereiten, der 3 Stunden im Kühlschrank ruhen muß. Auf einer bemehlten Arbeitsfläche 5 mm dick ausrollen und Herzen ausstechen. Herzen bei 180 Grad 10 Minuten backen und mit Bitterschokolade bestreichen.

Ingwerkuchen

125 g Erdnußbutter
150 g Honig
3 Eier
250 g dunkles Mehl
2 TL Backpulver

1 TL Zimt
1/2 TL Nelkenpulver
1 1/2 TL Ingwerpulver
125 ml saure Sahne

Erdnußbutter, Honig und Eier schaumig schlagen. Mehl mit Backpulver vermengen und zu dem Teig geben. Dann die restlichen Zutaten hinzufügen und in eine Springform füllen, bei 200 Grad 35 Minuten backen.

Kresse

Kresse ist der Oberbegriff für verschiedene Kressearten wie Brunnenkresse und Kapuzinerkresse. Die Brunnenkresse gehört zu den Senfgewächsen und war den Griechen schon 4000 v. Chr. bekannt. Brunnenkresse stärkt und kräftigt die Leberzellen und gibt der Leber die Möglichkeit, Schlackenstoffe loszuwerden. Deshalb sollte Kresse möglichst in Verbindung mit Petersilie oder Brennessel gegessen werden, denn sie sorgen dafür, daß diese Schlackenstoffe mit dem Harn ausgeschieden werden. In der Brunnenkresse ist eine bedeutende Menge Jod, Phosphor, Eisen, Kalium und ätherische Öle enthalten. Aber auch die Vitamine C, B_1, B_2, E und die Provitamine A und D werden gefunden. Frische Blätter eignen sich also für die Zubereitung eines Vitaminsalates.

Die Kapuzinerkresse, die bei uns häufig nur als Dekorpflanze anzutreffen ist, wurde und wird angewendet bei Skorbut, Blutarmut, Hautausschlag, Nierensteinen, Bronchitis und anderen Erkrankungen. Der Gehalt an Vitamin C ist in der Kapuzinerkresse zweimal so groß wie in der schwarzen Johannisbeere. Auch antimikrobielle Stoffe werden in ihr gefunden.

Vegetarischer Kresseaufstrich

100 g Brunnenkresse
100 g Butter
Salz, Pfeffer

2 TL Honig
1 TL Tomatenmark

Kresse vorsichtig hacken und mit der weichen Butter und den übrigen Zutaten vermengen. Möglichst am gleichen Tag verbrauchen.
Mit Petersilie bestreuen.

Kressepüree

100 g Kresse
100 ml Öl
2 TL Honig

wenig Pfeffer
wenig Salz

Kresse zerkleinern und mit den übrigen Zutaten vermengen. Zu Suppen oder Hauptgerichten verwenden.
Mit Petersilie bestreuen.

Kapuzinerkressepüree

200 g Kapuzinerkresse
120 g Brennesselblätter
40 g Dill

20 g Öl
1 TL Honig
Salz, Pfeffer

Gewaschenes Grün mit dem Fleischwolf zerkleinern, mit Öl, Honig, Salz und Pfeffer anrichten.
Zu Wild, Käse und Kartoffeln mit Schmand reichen.

Kressegetränk

400 g Kapuzinerkresseblätter	*1 l Wasser*
200 g geriebener Meerrettich	*50 g Honig*

Blätter mit Meerrettich durch den Fleischwolf drehen, mit warmem Wasser übergießen, Honig hinzufügen und über Nacht ziehen lassen. Durch ein feines Sieb gießen und gekühlt servieren.
Meerrettich weglassen oder evtl. durch Knoblauch ersetzen, wenn eine Magenschleimhautentzündung vorliegt.

Kümmel

Kümmel ist das Heilmittel für sog. Frauenleiden, vermindert aber auch weitgehend das Risiko eines Schlaganfalls. Kümmel verhilft, dem Essen beigemengt, zu gutem Appetit, guter Verdauung und gutem Atem. Er wird schon seit Jahrhunderten in Mitteleuropa angebaut und würzt Sauerkraut, Brot, Salzgebäck und Spirituosen.

Steak Tilsiter Art

1 Rinderfiletsteak	*1 Zwiebel*
1 EL Kümmel	*1 TL Honig*
1 EL Majoran	*2 cl Aquavit*
Salz	

Filet mit den Gewürzen bedecken, etwas salzen und mit Zwiebeln braten. Honig hinzugeben und mit Aquavit (mit Kümmel aromatisierter Schnaps) flambieren.

126

Aufgesetzter mit Kümmel

20 Kümmelkörner
1 l Schnaps (Wacholderschnaps)
100 g Honig

Alle Zutaten vermengen und an einem Fensterplatz 14 Tage ziehen lassen, dann kühl stellen.

Sandteigplätzchen mit Kümmel

200 g Butter	*3 Eigelb*
300 g Weizenmehl	*2 TL Honig*
200 g geriebener mittelalter Gouda	*1 TL Kümmel*
Salz	*2 EL saure Sahne*

Butter mit Mehl verkneten, Käse hinzufügen und salzen. Eigelb und Honig mit dem Teig vermengen, Kümmel und saure Sahne hinzufügen und im Kühlschrank 20 Minuten ruhen lassen. Dann ausrollen und Plätzchen ausstechen. Auf ein mit Pergamentpapier ausgelegtes Backblech setzen und bei 200 Grad ca. 6 Minuten backen. Die Plätzchen können mit Honigwasser bepinselt werden und glänzen dann matt.

Kümmelsauce

2 EL Kümmelkörner	*2 EL Essig*
2 EL Honig	*4 EL Wasser*

Kümmel im Mörser zerkleinern, Zutaten zusammenrühren und über Nacht stehen lassen. Als Dressing für Weißkrautsalat oder in Quark zu Kartoffeln reichen.

Liebstöckel

Liebstöckel war ursprünglich nur in Klostergärten anzutreffen, mauserte sich aber zur Charakterpflanze in allen Bauerngärten. Im Volksmund wird es Maggikraut genannt und verfeinert Suppen, Eintöpfe, Fleisch, Geflügel, Fisch, Reis und Ragouts. Heilkräftig ist die Wurzel des Liebstöckels. Sie wird verwendet bei Frauenleiden, rheumatischen Beschwerden, Nieren- und Blasenkatarrh und ist wassertreibend. Als starkes Würzkraut sollte Liebstöckel nur sparsam verwendet werden und kann mitgekocht werden.

Liebstöckel ist wie alle harntreibenden Kräuter für Schwangere nicht geeignet und kann bei Überdosierung zu Nierenreizung führen.

Majoran

Majoran hat ein charakteristisches Aroma, das sich sehr gut mit dem des Thymians mischt. Junge Triebe werden in Saucen, Suppen, Eintöpfen, Rind-, Schweine- und Lammgerichten und zu Käse und Salaten gegeben. Die arabische Medizin empfiehlt Majoran gegen Trunkenheit. In der Volksheilkunde werden mit Majoran Krampfzustände gelöst (Muskeln, Magen, Husten, Epilepsie). Weiter ist Majoran nervenbelebend.

Majorankartoffeln

750 g Kartoffeln	*2 Blättchen Majoran*
1 EL Öl	*2 Eigelb*
1 Knoblauchzehe	*Salz, Pfeffer*
250 ml Sahne	*1 TL Honig*

Kartoffeln schälen und im Dampfeinsatz garen. In dem Öl den gehackten Knoblauch kurz dünsten, mit Sahne aufgießen und Majoranblättchen einrühren, mit Eigelb binden, mit Salz und Pfeffer würzen und mit Honig geschmacklich abrunden. Die Kartoffeln in einer Auflaufform mit der Sauce übergießen und kurz im Backofen backen.

Spargel und Honig ergänzen sich ideal. Der Spargel entschlackt und entwässert und der Honig bietet zahlreiche wirksame Inhaltsstoffe, die dem Körper direkt zur Verfügung stehen

Gebackene Salbeiblätter mit Honig

Apfelkuchen

Rote Grütze mit Vanillesauce

Vollkornwaffeln

Selbsthergestellter Joghurt schmeckt milder und wird mit frischen Früchten und Honig zu einem gesunden Muntermacher, der im Vergleich zu herkömmlichen Fruchtjoghurts wenig Kalorien und keine überflüssigen Zutaten enthält

Schafleber mit Honig-Apfelringen

Honighähnchen mit grünem Pfeffer

Petersilie

Petersilie kommt bei uns glatt und gekraust vor und als Wurzelpetersilie. Sie ist das Kraut, das heute in deutschen Haushalten noch am meisten frisch zur Anwendung kommt. Sie hat eine feine Würze, eignet sich zur Dekoration auf kalten Platten und Salaten, enthält viele Vitamine und Mineralien und zählt zu den blähungstreibenden, krampfstillenden und gärungswidrigen Küchenkräutern. Das Öl der Petersilie regt die Nierenfunktion an.

Petersilie ist sehr vielseitig und kann leicht auf der Fensterbank gezogen werden. Ähnlich dem Liebstöckel wirkt sie nicht nur appetitanregend, blutreinigend und verdauungsfördernd, sondern auch harntreibend und ist daher für Schwangere nur bedingt zu empfehlen.

Gebackene Petersilie

200 g Petersilie	*4 EL Wasser*
125 g Weizenmehl	*Salz, Pfeffer*
1 TL Honig	*Muskatnuß*
1 EL Öl	*Fritierfett*

Aus Mehl, Honig, Öl, Wasser und den Gewürzen einen Teig bereiten und die gewaschene Petersilie kopfüber in den Teig tunken. In Fritierfett bei 180 Grad ausbacken.

Forelle mit Petersilienfüllung

2 kleine Forellen · 1 TL Honig
1 EL Butter · Salz, Pfeffer
1 Knoblauchzehe · 1 TL Zitrone
2 EL Petersilie (gehackt)

Forellen waschen und trockentupfen, die restlichen Zutaten vermengen (Knoblauch pressen) und die Forellen damit füllen. In Alufolie packen und in einer Auflaufform im Backofen bei 250 Grad 30 Minuten garen.
Dazu kleine Kartoffeln und grüner Salat.

Pfefferminze

Katzen werden durch ihren Geruch liebestoll und wälzen sich in ihr. Menthol und andere ätherische Öle schmecken erfrischend und kühlend. In Australien, Neuseeland und Großbritannien wird zu Hammelbraten eine Sauce aus Pfefferminze, Weinessig, Öl und reichlich Honig gereicht. Innerlich wirken die ätherischen Öle krampflösend, fördern den Gallenfluß, lindern Brechreiz und lösen nervöse Spannungen. Minzeblätter können mit echtem Weinessig angesetzt werden, um dann Salate zu verfeinern. Das beseitigt Aufstoßen und Magenbeschwerden.

Grüne Witwe

3 TL Minzeblätter · 1 Eiswürfel
200 ml kochendes Wasser · 1 EL Pfefferminzlikör
1 TL Honig · 1 Zitronenscheibe
1 TL Zitronensaft

Minzeblätter mit kochendem Wasser überbrühen, 10 Minuten ziehen lassen, durch ein Sieb gießen, abkühlen lassen auf 40 Grad, Honig einrühren und in den Kühlschrank stellen. Nachdem das Minzewasser abgekühlt ist, Zitronensaft, Eiswürfel, Likör und Zitronenscheibe hinzugeben und in Gläser füllen. In jedes Glas ein Minzeblatt legen.

Schnittlauch

Schnittlauch gehört zu den Liliengewächsen. Diese Pflanze ist mit ziemlicher Sicherheit einheimischen Ursprungs. Geschmacksbestimmend sind bei Schnittlauch, wie bei allen Laucharten, die Bestandteile des Lauchöls. Schnittlauch ist verwandt mit Zwiebel, Knoblauch und Porree und hat die gleichen Eigenschaften. Als täglicher Vitamin C-Spender kann Schnittlauch wie Petersilie in Blumentöpfen auf der Fensterbank gezogen werden, sollte jedoch nicht, wie vielfach üblich, in die heiße Suppe geschnitten werden, denn dann gehen seine Wirkstoffe verloren.

Schnittlauch wirkt appetitanregend, verdauungsfördernd und blutreinigend. Durch den Gehalt von Eisen und Arsen wirkt er der Blutarmut entgegen. Schnittlauch steht uns im Frühjahr als erster der Vitamin C-Spender zur Verfügung.

Schnittlauchsahne

2 Bund Schnittlauch	*Salz, Pfeffer*
4 EL Weißwein	*200 g Schlagsahne*
2 Eigelb	*1 TL Honig*

Schnittlauch waschen und fein hacken. Die Hälfte mit Weißwein, Eigelb, Salz und Pfeffer pürieren. Sahne schlagen und mit Honig abschmecken, unter das Pürree heben, die restlichen Schnittlauchröllchen unterziehen.

Zu Blattsalat und rohen Gemüsesalaten ist diese Sahne erfrischend.

Rosmarin

Rosmarin hat einen stark bitterwürzigen Geschmack und erinnert an den Geruch eines Pinienwaldes. In der griechischen Sagenwelt war Rosmarin der Göttin Aphrodite geweiht und bei den Germanen wurde er zu kultischem Zauber verwendet. Als Kraut in Brautsträußen und -kränzen ist er auch als Brautkraut, Hochzeitskraut und Kranzkraut bekannt. Die nadelartigen Blättchen bzw. Zweige gehören zu Wildgerichten, zu Fisch, Schaf und Schwein, südlichen Gemüsen und Saucen. Rosmarin ist neben Thymian, Basilikum und Fenchel Bestandteil der »Kräuter der Provence«. Übrigens sollen Hähnchen mit Rosmarin die Lieblingsspeise von Goethe gewesen sein.

Rosmarin wirkt durchblutungsfördernd. Er fördert die Verdauung durch Verbesserung der Leberfunktion und Gallensekretion. Die Umstimmung der Verdauungsorgane führt zur Herzstärkung und Normalisierung der Herztätigkeit, so daß Rosmarin den Ruf einer Herz-Heilpflanze genießt. Es gibt kaum ein Kraut, das so mit dem Leben der Menschen verwoben ist wie der Rosmarin.

Hähnchen mit Rosmarin

1 Hähnchen oder	*Salz, Pfeffer*
1 kg Hühnerschenkel	*1 TL Honig*
3 Knoblauchzehen	*3 EL Rosmarinnadeln*

Hähnchen waschen, Knoblauch pressen und mit den anderen Zutaten vermengen. Hühnchen damit bestreichen. In einem Bratentopf oder im Römertopf etwa 50 Minuten bei 200 Grad garen. Etwas heißes Wasser nicht vergessen, wenn der Bratensatz bräunt, beim Römertopf direkt Wasser hinzufügen.
Dazu Röstkartoffeln und ein milder Salat.

Salbei

Salbei ist mehrjährig und wird sparsam verwendet zu Fisch, Fleisch, Wild, Geflügel, aber auch zu Quark und Teigwaren. Der echte Salbei kam schon im 9. Jahrhundert aus dem Mittelmeerraum in deutsche Klostergärten. Während er als Gewürz nur sparsam verwendet wird, ist er bekannt als Tee bei Husten und Heiserkeit. Pulverisierter Salbei wird als verdauungsfördernd angesehen. Oftmals wird Salbei zu Apfelschnitten gegeben, oder die Blätter werden in Eierteig getaucht und in heißer Butter gebacken.

Salbei wirkt blutreinigend, schleimabführend, gegen Entzündungen des Darmes, des Magens, der Leber, der Galle und der Harnwege. Eine Heilkräuter-Gedichtsammlung aus dem 14. Jahrhundert macht die Bedeutung des Salbeis deutlich:
»Warum stirbt der Mensch, wenn Salbei wächst im Garten? –
Gegen die Macht des Todes gibt es keine Pflanze im Garten.«

Gebackene Salbeiblätter

1 Ei	*1 TL Honig*
1 1/2 Löffel Weizenmehl	*20 Salbeiblätter*
1 TL Wasser oder Milch	*Butter*

Ei, Mehl, Milch und Honig zu flüssigem Teig verarbeiten, Blätter hindurchziehen und in Butter braten.

Salbei-Tomaten-Reis

200 g Vollkornreis
1 kleine Zwiebel
1 Knoblauchzehe
4 EL Olivenöl
500 g Tomaten

1/4 l Gemüsebrühe
16 Salbeiblätter
2 TL Honig
Salz, Pfeffer

Reis mit gut der doppelten Menge Wasser aufkochen und quellen lassen, nicht umrühren. Zwiebel und Knoblauch schälen, hacken und in Öl dünsten, die blanchierten, gepellten und gewürfelten Tomaten dazugeben und mit Brühe aufkochen. Die Hälfte der Salbeiblätter sehr fein hacken. Alle Blätter zu den Tomaten geben. Reis einrühren und ziehen lassen. Die ganzen Blätter herausnehmen, mit Honig, Salz und Pfeffer würzen.
Mit Hühnchen servieren. Auch Leber paßt sehr gut dazu.

Thymian

Thymian ist eines der ältesten bei Husten verwendeten Kräuter. In der Küche wird Thymian vor allem für Fleischspeisen verwendet und paßt sehr gut zu Bratkartoffeln. Tomaten und Salate bekommen durch Thymian einen südlichen Charme, aber auch Eierspeisen und Füllungen gewinnen durch dieses Heilkraut. Thymian enthält 50% Thymol und ist für Magen und Lunge schleimlösend.
Thymian wirkt fäulnis- und gärungswidrig, fiebersenkend, schmerzlindernd und entzieht schlechte Gerüche. Das Thymol des Thymians wird heute erfolgreich zur Behandlung der Lepra benutzt. Allerdings gilt auch bei Thymian eine Einschränkung, denn dauerhafter Gebrauch führt zu Vergiftungserscheinungen. Bei einer Überfunktion der Schilddrüse soll Thymian nicht verwendet werden.

1 gehäufter EL Weizenschrot	2 TL Thymian
80 ml Milch	Salz, Pfeffer
1 Stück Porree	1 Ei
1 EL Butter	1 TL Honig
1 EL Petersilie	1 Hähnchen

Schrot in der Milch kurz quellen lassen, dann aufkochen. Porree waschen, sehr fein schneiden und in Butter dünsten. Petersilie und Gewürze hinzugeben, mit Ei binden. Gemüse zum Schrotbrei geben, mit Honig abschmecken und das gewaschene Hähnchen damit füllen. Körperöffnungen mit Holzstäbchen zustecken. Zugedeckt 2 Stunden ziehen lassen. Hähnchen mit der Brustseite nach unten in einen Bräter legen, mit Butter einpinseln und im Backofen bei 220 Grad 25 Minuten braten, wenden und nochmals 25 Minuten braten. In den letzten 10 Minuten häufig mit dem Bratenfond begießen.

Wermut

Eine fette, deftige Speise und der Wermutstrauch sind zwei, die unbedingt zusammengehören. Wermut wirkt magenstärkend, appetitanregend, fördert die Gallen- und Lebersekretion und behebt als Tee krampfartige Zustände des Magen-Darm-Kanals, Durchfälle, Übersäuerung des Magens, Völle, Druck und Schmerz in der Magengrube sowie Sodbrennen.
Wermut ist das meist verwendete Heilkraut zur Verdauungsförderung und gegen Blähungen. Vorsichtig eingesetzt, würzt es fette Speisen. Vor einer Überdosierung sollte man sich hüten. Wermut ist zum Dauergebrauch nicht geeignet; Schwangere sollten ihn meiden. Der Wirkstoff Thymian wirkt in hohen Dosen giftig.

Wacholder

Heilkräftig sind bei Wacholder alle Teile der Pflanze. Für die Küche werden die Beeren verwendet, um Sauerkraut oder Wildmarinaden zu würzen. Das Wacholderöl der Beeren bewirkt Heilung bei Magen- und Darmerkrankungen, denn es hat eine keimtötende Wirkung. Aber auch nervöse Störungen (Kopfschmerz, Herzbeschwerden) werden positiv beeinflußt.

Wacholder tritt wie die meisten anderen 60 Arten der Gattung auf der ganzen nördlichen Halbkugel auf. Er wirkt stark harntreibend und ist daher für Schwangere ungeeignet.

Als Würze für Sauerkraut werden die Wacholderbeeren oft auf dem Teller liegengelassen, anstatt sie mitzuessen. Das ist sehr schade, denn in der Literatur der Volksheilkunde (z. B. bei Pfarrer Kneipp) werden Kuren mit Wacholderbeeren beschrieben.

Zitronenmelisse

Sie hat einen intensiven Duft und lockt damit Bienen an, die dann andere Gartenpflanzen bestäuben. Als Würzkraut eignet sie sich für frische Salate, Obstsalate, Milchspeisen und Tomaten. Ebenso schmeckt sie frisch in Fischsaucen, Fleisch, Wild und Mixgetränken aller Art. Plinius, ein Arzt des Altertums, empfahl Melissengeist mit Honig als Heil- und Stärkungsmittel für die Augen. Paracelsus meinte, »von allen Dingen, die die Erde hervorbringe, die beste Pflanze Melisse für das Herze sei«.

Klosterfrau Melissengeist entstand 1611 in Paris aus dem Geheimrezept der Nonnen vom Orden der »barfüßigen Karmeliterinnen«. Melisse kann bei geistiger und körperlicher Müdigkeit und nervösen Beschwerden empfohlen werden. Sie wird eingesetzt bei Kopf- und Zahnschmerzen sowie Schlaflosigkeit, nervösen Magen- und Darmstörungen sowie Blähungen.

Sauce mit Zitronenmelisse

1 Becher Joghurt
3 EL Zitronensaft

2 TL Honig
2 EL feingehackte
Zitronenmelisseblättchen

Alle Zutaten verrühren, als Sauce für Blattsalate oder Pfannkuchen verwenden.

Rezepte mit gemischten Kräutern

Kräuterbutter Bornhagen

1 Zweig Thymian
1 Zweig Majoran
1 Zweig Dill
4 EL gehackte Petersilie
2 EL gehackter Schnittlauch
2 Blätter Sauerampfer
2 Stiele Brunnenkresse
2 Lavendelnadeln

1 Salbeiblatt
1 Spritzer Zitrone
2 Rosmarinnadeln
2 Blätter Bohnenkraut
1 Knoblauchzehe
150 g weiche Butter
1 TL Honig

Alle Kräuter gut waschen und hacken, Knoblauch schälen und pressen, mit Butter, Honig und Zitronensaft vermengen und im Kühlschrank zugedeckt 2 Stunden ziehen lassen. Dieser schmackhafte vegetarische Brotaufstrich kann zugedeckt im Kühlschrank einige Tage aufbewahrt werden.

Kräuterquark

1 mittelgroße Zwiebel
500 g Magerquark
125 g saure Sahne
2 EL Öl
1 Bund Schnittlauch

1 Bund Petersilie
1 Prise Kräutersalz
1 Schachtel Kresse
Salz, Pfeffer
1 TL Honig

Zwiebel schälen, hacken, mit Quark, Sahne und Öl vermengen. Kräuter waschen, fein hacken und hinzugeben, mit Salz, Pfeffer und Honig abschmecken.

Kräuteraufstrich

1 Avocado
1 EL Zitronensaft
1 TL Honig
2 EL Senf
1 Bund Schnittlauch
1 Bund Petersilie

2 EL gehackte Kresse
2 kleine Zwiebeln
1 Knoblauchzehe
Salz, Pfeffer
2 Gewürzgurken

Avocado halbieren, Stein entfernen, Fleisch herausschaben, zerdrücken und sofort mit Zitronensaft beträufeln. Honig, Senf und gewaschene und gehackte Kräuter hinzugeben. Zwiebeln hacken und Knoblauch pressen, mit Salz und Pfeffer abschmecken, mit den gewürfelten Gurken bestreuen und servieren. Möglichst am gleichen Tag aufessen.

Roastbeef mit Kräutern

3 EL frischer Rosmarin
3 EL frischer Thymian
3 EL frischer Majoran
1 EL frischer Salbei
1 EL Honig

2 EL Öl
1 Knoblauchzehe
Salz, Pfeffer
1 Roastbeef (2 kg ergeben
20 Portionen)

Gewaschene und gehackte Kräuter in eine Schale geben, Honig, Öl, gepreßte Knoblauchzehe hinzufügen, mit Salz und Pfeffer abschmecken. Gut umrühren. Roastbeef etwas vom Fett befreien und einritzen, mit den Kräutern bedecken. Über Nacht im Kühlschrank ziehen lassen. Ofen auf 250 Grad vorheizen, Roastbeef etwa eine halbe Stunde braten. Am besten Bratenthermometer verwenden. In dünne Scheiben schneiden.
Dazu ein milder Salat und Baguette oder Kartoffeln. Diese Kräutermischung eignet sich auch für Geflügel.

Kräuter-Hollandaise

200 g Butter
4 Eigelb
2 TL Zitronensaft
3 EL Weißwein
Salz, Pfeffer
1 TL Honig

Worcestershiresauce
2 EL gehackte Petersilie
2 EL gehackter Schnittlauch
2 EL gehackter Dill
1 EL gehackter Thymian
2 EL gehacktes Basilikum

Butter in einem kleinen Topf erhitzen, klären. Zitronensaft, Eigelb und Weißwein in einem anderen Topf verrühren. Weißweinsauce im heißen Wasserbad 5 Minuten schaumig schlagen, Butter tropfenweise hinzugeben, bis eine cremige Sauce entsteht. Mit Salz, Pfeffer, Honig, Worcestershiresauce und den gewaschenen und gehackten Kräutern vermengen.
Zu Brokkoli oder Blumenkohl reichen.

Salz

Die obengenannten Kräuter sind nur einige von den zahlreichen, die man in der Küche verwenden kann. Sie sind eine Bereicherung für jede Speise und ermöglichen die Einsparung von Salz. Unser Kochsalz besteht aus Natrium und Chlorid und erhält den osmotischen Druck im Körper. Natrium aktiviert Enzyme, baut Verdauungssäfte auf und bindet Säure.

Salz ist zwar für den Menschen unentbehrlich. Aber bereits 5 Gramm decken den täglichen Bedarf eines erwachsenen Menschen. Zu viel verwendetes Salz verdirbt nicht nur den Geschmack der Speise, sondern kann zu Herz- und Nierenleiden, Ödemen, Bluthochdruck und Übergewicht durch Wasseransammlung führen.

Bei Salz ist es, wie bei allen Lebensmitteln, ratsam, wählerisch zu sein. Meersalz wird durch die Sonneneinstrahlung in flachen Sammelbecken gewonnen, denn das Wasser verdampft und läßt die Salzkristalle zurück. Es enthält Spurenelemente und ist Stein- oder Salinensalz vorzuziehen. Meersalz, das jodiert wurde, gleicht den regional bedingten Jodmangel aus. Kräuter und Salz ergänzen sich optimal, denn beide verstärken den Geschmack. Die Verwendung von Kräutern erübrigt allerdings den überhöhten Salzkonsum. Kräutersalze, für die Kräuter aus biologischem Anbau verarbeitet werden, machen die Verwendung einfach.

Obst

In den Kapiteln über Gemüse und Kräuter versuchten wir deutlich zu machen, daß die Grundnahrungsmittel heilend wirken können und industriell gefertigten Produkten in jedem Fall vorzuziehen sind. Selbstverständlich gilt dies auch für Obstsorten. Bekannt ist: »Ein Apfel, gegessen zur Nacht, hat schon manchen Arzt zum Bettler gemacht«. Doch nicht nur einheimische Früchte werden gerne gegessen. Auch die Zitrusfrüchte und tropischen Früchte mit ihrem frischen Geschmack erfreuen sich größter Beliebtheit.

Apfel

Als Urformen unserer heutigen Äpfel gelten der Paradiesapfel und der Holzapfel. Die Menschen der Steinzeit sammelten bereits die Wildäpfel und aßen sie frisch oder dörrten sie. In Rom zählte man bereits 29 und im 16. Jahrhundert 36 verschiedene Sorten. Heutzutage gibt es auf der Welt an die 2000 der verschiedenartigsten Apfelsorten.

In der Volksheilkunde schätzt man den Apfel als einen der gesündesten Früchte überhaupt. Heute weiß man, daß ein Apfel, vor dem Schlafengehen gegessen, beruhigt, am Morgen, nüchtern genossen und gut gekaut, die Verdauung fördert und den Appetit anregt und roh gerieben bei Durchfall hilft. Die positive Wirkung des Apfels auf den Darm hängt eng mit dem Pektingehalt zusammen. Das Apfelpektin quillt im Darm auf und nimmt neben der Darmflüssigkeit auch Bakterien und Gärungserreger auf, die so ausgeschieden werden.

Mit den Forschungsergebnissen aus den USA läßt sich die Liste der positiven Wirkungen noch verlängern: Der Apfel ist ein gutes Herzmittel, senkt den Cholesterinspiegel im Blut und den Blutdruck, stabilisiert den Blutzucker und dämpft mitunter den Appetit. Die Koffein- oder Chlorogensäure des Apfels hemmt bei Tieren Krebs und der Apfelsaft tötet infektiöse Viren ab, vorausgesetzt, er ist nicht mit Zucker versetzt.

Ein Produkt des Apfels, nämlich der Apfelessig, wurde ebenfalls durch die Volksmedizin in Amerika bekannt. Die These von Dr. D. C. Jarvis basiert darauf, daß Apfelessig den pH-Wert der Körperflüssigkeiten wie Speichel, Lymphe, Milch und Harn verändert und somit Bakterien, die in der Regel alkalische Verhältnisse benötigen, am Wachstum hindert. Besonders wies er jedoch darauf hin, daß vor allem im Apfel zahlreiche Spurenelemente und Mineralien zu finden sind, die bei der biologischen Gärung des Apfel im Apfelessig erhalten bleiben. Besondere Bedeutung sprach Dr. Jarvis dem Kalium zu.

Apfelkuchen

100 g Butter	*700 g Äpfel*
100 g Honig	*175 g Butter*
2 Eier	*300 g Mehl*
200 g Mehl	*75 g Honig*
2 gestr. TL Backpulver	*1 Msp. Vanille*
2 EL Milch	*Zimt*

Rührteig aus Butter, Honig, Eiern, Mehl, Backpulver und Milch zubereiten. Äpfel waschen, evtl. schälen und in Scheiben schneiden. Den Teig in eine Springform geben, Äpfel darauf verteilen. Aus den restlichen Zutaten Streusel bereiten und über den Äpfeln verteilen, mit Zimt bestreuen. 15 Minuten ruhen lassen, dann bei 175 Grad 50 Minuten backen.

Apfelauflauf

125 ml Milch
65 g Butter
65 g Mehl
70 g Honig

3 getrennte Eier
1 kg Äpfel
Mandeln, Zimt

Milch mit Butter kochen, Mehl dazugeben und einen Brandteig bereiten, bis sich der Kloß vom Topfboden löst. Teig auskühlen lassen, Honig und Eigelbe schaumig rühren, den Teig nach und nach dazugeben. Eiweiße steif schlagen und unter die Teigmasse geben. Äpfel schälen, vierteln, Kerngehäuse entfernen und fein schneiden oder raspeln. Eine Auflaufform fetten, Äpfel hineingeben und den Teig darauf verteilen. Bei 180 Grad 45 Minuten goldbraun backen.
Die Äpfel können mit Mandeln und Zimt bestreut werden.

Weinäpfel

4 große Äpfel
50 g Walnüsse
4 TL Rosinen
2 TL Honig

Zimt
10 g Butter
1/2 l Weißwein

Äpfel schälen, Kerngehäuse ausstechen. Nüsse mit Rosinen, Honig, Zimt und Butter vermischen, Äpfel damit füllen. In eine Auflaufform setzen und mit Wein begießen. Im Backofen bei 175 Grad ohne Deckel garen.
Dazu Vanillesauce reichen.

Apfelmus

4 säuerliche Äpfel
2 EL Wasser

2 EL Honig
1 Prise Zimt

Äpfel schälen und in Stücke schneiden, mit Wasser kochen. Wenn sie weich sind, kräftig mit dem Schneebesen verrühren und abkühlen lassen. Erst dann mit Honig süßen und mit Zimt würzen.
Zu Vanillepudding, Pfannkuchen und Reibeplätzchen reichen.

Rohkosttorte mit Äpfeln

40 g Haferflocken
125 ml Milch
2 EL Honig
40 g Cornflakes

20 g geriebene Nüsse
40 g Kokosflocken
1 Msp. Vanille

Haferflocken in warmer Milch 1 Stunde quellen lassen. Honig und übrige Zutaten hinzugeben. Die Masse auf einer Platte zu einem Tortenboden verarbeiten. Diesen bei Zimmertemperatur einige Stunden zum Trocknen stehenlassen. Dann mit frischen Früchten, einer Quarkmasse oder Schlagsahne mit Nougatcreme belegen. Ideal eignen sich geraspelte Äpfel, die mit Zitrone beträufelt und mit Honig und Zimt gewürzt werden.

Himmel und Erde

500 g Kartoffeln	2 TL Honig
500 g Äpfel	1 EL Öl
1 EL Apfelessig	100 g Zwiebeln
Salz	

Kartoffeln waschen, schälen, in Stücke schneiden und garen. Sind sie fast weich, geschnittene Äpfel dazugeben und kurz mitgaren. Mit Essig, Salz und Honig abschmecken. In Öl die in Ringe geschnittenen Zwiebeln rösten und mit den Kartoffeln anrichten.
Dazu paßt Sauerkraut.

Apfel-Matjes-Salat

4 küchenfertige Matjesfilets	2 TL Honig
4 hartgekochte Eier	Salz, Pfeffer
3 Gewürzgurken	100 g Joghurt
4 säuerliche Äpfel	1 EL Sahne
2 EL Zitronensaft	

Matjesfilets in Streifen schneiden, Eier schälen und in Würfel schneiden, Gurken würfeln, Äpfel waschen, vierteln und würfeln. Aus den restlichen Zutaten eine Marinade bereiten und alles gut miteinander vermengen.

Klassische Backäpfel

4 rote Äpfel   *2 EL Honig*
Saft 1 Zitrone   *Zimt*
100 g Walnüsse   *2 EL Butter*
2 EL Rosinen

Äpfel waschen, Kerngehäuse entfernen. Mit Zitronensaft beträufeln. Walnüsse hacken, Rosinen einweichen. Aus allen Zutaten eine Masse bereiten, mit der die Äpfel gefüllt werden. In eine Auflaufform geben und bei 200 Grad backen. Ab und an die Äpfel mit etwas Butter bestreichen. Wenn die Äpfel weich sind, mit heißer Vanillesauce servieren.

Aprikose

Bereits 3000 v. Chr. wurde in China die Aprikose kultiviert. Im ersten Jahrhundert n. Chr. kam sie über Armenien nach Griechenland und von dort nach Italien, wo die Römer durch Kreuzung und Pfropfung die Züchtung schnell vorantrieben. In Mitteleuropa tat sich die Aprikose schwer. So warnte Hildegard von Bingen vor dem Genuß. Das lag aber wahrscheinlich daran, daß zu der Zeit die Früchte mit dem Stein und dessen Kern gegessen wurden, und da dieser Amygdalin, eine blausäurehaltige Verbindung, enthält, kam diese Warnung nicht von ungefähr. Auffallend an der Aprikose ist der enorm hohe Gehalt an Karotin, der den Karotingehalt aller Obstarten übertrifft. Mit 150 Gramm Aprikosen kann man den Tagesbedarf eines Menschen an Vitamin A decken. Mit Hilfe des Vitamin A können durch die Aprikose alle Wachstumsvorgänge günstig beeinflußt und krankhaften Veränderungen des Epithelgewebes vorgebeugt werden. Wie bei der Birne ist der Mineralstoffgehalt der Aprikose sehr hoch. Vor allem Kalium ist in der Aprikose vorhanden, das nicht nur eine wasserausschwemmende, sondern auch eine herzstärkende und anregende Wirkung hat. Außerdem ist das Verhältnis von Kalium zu Natrium mit 200 : 1 sehr günstig. Neben dem Bereich der Herz- und Kreislaufstörungen hilft die Aprikose bei Nieren-, Leber- und Gallenleiden. Der hohe Basenüberschuß macht eine Linderung bei Stoffwechselkrankheiten wie Gicht und Rheuma möglich. Am besten wissenschaftlich erfaßt ist die Hemmwirkung der Aprikose auf Krebs, insbesondere auf den durch Rauchen verursachten Lungenkrebs, was sicher auf die eingangs erwähnte günstige Wirkung auf die Epithelgewebe zurückzuführen ist.

In der Volksmedizin ist der Kern trotz seiner giftigen Substanz als Heilmittel bekannt. Der Überlieferung nach benutzten bereits arabische Ärzte das in den Kernen enthaltene Öl bei Nasen- und Ohrenleiden. Übrigens enthalten auch getrocknete Aprikosen einen hohen Anteil an Betakarotin. Jedoch sollten die Früchte nicht geschwefelt sein.

Aprikosenmilch

3 reife Aprikosen	*1/2 Zitrone*
250 ml Milch	*2 EL Honig*

Aprikosen waschen, entkernen und in einem Mixer oder mit dem Pürierstab musig zerkleinern, Milch hinzufügen, mit Zitronensaft und Honig verrühren und in kleinen Schlucken trinken.

Aprikosen-Reis-Salat

3/4 l Gemüsebrühe	*1 Becher Sahne*
300 g Reis	*2 EL Obstessig*
2 EL geriebener Meerrettich	*2 TL Honig*
500 g Aprikosen	*Salz, Pfeffer*
4 Frühlingszwiebeln	

Brühe zum Kochen bringen, Reis einstreuen, 1 EL Meerrettich hinzugeben. 20 Minuten quellen lassen. Inzwischen Aprikosen waschen und achteln. Frühlingszwiebeln putzen, in feine Ringe schneiden. Für das Dressing Sahne etwas anschlagen, mit Essig, Honig und Gewürzen abschmecken. 1 EL Meerrettich unter die Sahne heben und alle Zutaten mit dem Dressing vermengen. Zugedeckt eine Stunde ziehen lassen.

Hähnchen in Aprikosensauce

1 Zwiebel	*2 EL Mehl*
500 g Aprikosen	*750 ml Wasser*
1 Hähnchen	*2 TL Honig*
6 EL Öl	*Salz, Pfeffer*

Zwiebel schälen und würfeln, Aprikosen waschen und halbieren. Hähnchen waschen und in 8 Teile zerlegen (2 Flügel, 2 Keulen, 2 Brustteile, 2 Hinterteile). Öl in einem Topf erhitzen, Hähnchenteile anbraten, aus dem Topf nehmen. Mehl in das Öl (evtl. etwas abnehmen) geben und unter ständigem Rühren heißes Wasser einrühren, bis eine Sauce entsteht. Zwiebel dazugeben und köcheln lassen. Aprikosen unterrühren, Honig und Gewürze einrühren. Geflügelteile in der Sauce ziehen lassen, nicht mehr kochen.

Aprikosenkuchen

Teig:
125 g Butter
75 g Marzipanrohmasse
125 g Honig
1 Msp. Vanille
2 Eier
125 g Mehl
25 g Stärkemehl
1 TL Backpulver

Belag:
500 g Aprikosen

Glasur:
2 EL Aprikosenmarmelade
1 EL Orangenlikör (oder -saft)
2 EL Mandelblättchen

Rührteig herstellen, in eine gefettete Springform füllen und glattstreichen. Gewaschene und halbierte Früchte auf den Teig legen, 1 Stunde ruhen lassen. Bei 175 Grad 50 Minuten backen. Marmelade mit Likör erwärmen und glattrühren, auf dem noch warmen Kuchen verteilen und mit Mandelblättchen den Rand bestreuen.

Aprikosen-Reis-Auflauf

250 g Milchreis
500 ml Milch
500 g Aprikosen
100 g Rosinen

100 g gesplitterte Mandeln
3 Eier
50 g Honig
125 ml Sahne

Reis in Milch aufkochen, dann quellen lassen. Aprikosen waschen und halbieren. Die Hälfte des Reis in eine gefettete Auflaufform geben, Aprikosen, Rosinen und Mandelsplitter darauf verteilen, dann den restlichen Reis. Eier, Honig und Sahne verschlagen, auf den Reis gießen. 20 Minuten ruhen lassen, im Backofen eine halbe Stunde bei 200 Grad backen.

Aprikosen im Versteck

10 große Aprikosen
50 g Blauschimmelkäse
125 g Mehl
20 g Zucker
1 Msp. Vanille

1 Ei
125 ml Weißwein
1 TL Aprikosengeist oder Obstler
Butterschmalz

Aprikosen waschen, Stein entfernen und mit Käse füllen. Aus den restlichen Zutaten einen Teig bereiten und die gefüllten Aprikosen durchziehen. In heißem Butterschmalz schwimmend goldgelb backen und mit Preiselbeeren essen.

Aprikosen-Quark-Auflauf

250 g Vollkorntoastbrot	2 Eier
1/4 l Milch	500 g Magerquark
100 g Honig	1 Msp. Vanille
750 g Aprikosen	25 g Butter

Brot toasten, würfeln und in eine Schüssel geben. Die Milch erwärmen, mit der Hälfte des Honigs verrühren, über die Brotwürfel gießen. Aprikosen waschen, entsteinen und vierteln. Eier mit Magerquark, dem restlichen Honig und Vanille vermengen, unter das eingeweichte Brot geben. Eine Auflaufform fetten und schichtweise Quarkmasse und Aprikosen einfüllen. Auf die oberste Quarkschicht Butterflöckchen setzen und bei 175 Grad 1 Stunde backen.

Ananas

Die Ananas wird häufig als Königin der tropischen Früchte bezeichnet. Sie wächst als Sammelfrucht auf einer Staude, die 80 bis 100 cm hoch wird und in allen tropischen Gebieten angebaut wird. Je ausgeprägter die Schuppen sind, desto aromatischer sind die Früchte. Die Reife erkennt man daran, daß sich die innneren Blätter des Schopfes leicht herausziehen lassen und die Schale keine grünen Blätter mehr hat.

Die Ananas enthält die Vitamine A, B_1 und C. Ein besonderer Stoff machte die Ananas in jüngster Zeit besonders populär in der Diätetik. Es handelt sich um ein eiweißspaltendes Eiweiß, das Bromelin. Bromelin wird heute in der Medizin bei Ernährungsstörungen eingesetzt. Dieses Enzym bewirkt, daß Fleisch besonders gut verdaut werden kann, wenn rohe Ananasscheiben zu einem Braten gegeben werden.

Infolge der erfrischenden Wirkung wird die Ananas bei Fieber- und Erkältungskrankheiten eingesetzt. Sie lindert und kräftigt und fördert außerdem im rohen Zustand die Verdauung. Die Ananas büßt in der Konserve nicht nur ihr köstliches Aroma ein, sondern auch ihre besondere Wirkung. Daher ist Ananas nur roh gegessen wirklich wirkungsvoll.

Bei der Zubereitung der frischen Ananas muß darauf geachtet werden, daß die dicht unter der Schale liegenden Punkte mit entfernt werden, denn sie können zu Irritationen der Mundschleimhäute führen.

Ananas in Honigsauce

1 frische Ananas
4 Erdbeeren
4 Eigelb
2 EL Honig

2 Spritzer Zitronensaft
150 ml Sahne
4 EL Sekt

Ananas halbieren, vierteln, harten Kern entfernen. Fruchtfleisch von der Schale lösen, in kleine Stücke schneiden und auf vier Desserttellern anordnen. Mit je einer Erdbeere dekorieren. Für die Sauce Eigelb mit Honig schaumig schlagen und mit Zitronensaft abschmecken. Sahne anschlagen und unter die Eimischung geben, Sekt hinzufügen und über die Ananashälften gießen.
Zu dieser Sauce sind auch andere Früchte wie Kiwi und Mango schmackhaft.

Ananas-Weißkohl-Salat

1 Ananas
200 g Weißkohl
1 Apfel
50 g Walnüsse
50 g Rosinen

2 TL Honig
2 TL Zitronensaft
1 EL saure Sahne
100 ml Joghurt
Pfeffer, Salz

Ananas wie gewohnt putzen und in Würfel schneiden, Weißkohl raspeln, Apfel waschen und würfeln, alles mit Nüssen und Rosinen vermengen. Aus Honig, Zitronensaft, Sahne und Joghurt eine Marinade zubereiten, mit Salz und Pfeffer würzen und unterziehen. Zugedeckt eine Stunde ziehen lassen.

Ananas mit Kokoscreme

100 g Kokosflocken
150 ml Milch
2 Eier
3 EL Honig
4 EL Rum

1 Spritzer Zitrone
6 Blatt helle Gelatine
250 g Schlagsahne
1 Ananas

Kokosflocken in einer Schüssel mit heißer Milch übergießen und quellen lassen. Eier und Honig schaumig schlagen, Rum und Zitrone dazugeben, die Kokosmasse unterziehen. Gelatine einweichen, ausdrücken und in einem kleinen Topf auflösen. In die Kokoscreme rühren, im Kühlschrank andicken lassen. Steif geschlagene Sahne in die Kokoscreme einrühren, bevor diese zu hart wird. 3 Stunden im Kühlschrank fest werden lassen. Zum Servieren die Kokoscreme löffelweise abstechen und mit frischen Ananasstücken servieren.

Banane

Die Banane gehört zu den ältesten bekannten Kulturfrüchten und wächst in tropischen und subtropischen Regionen. In neun bis zehn Monaten erreicht die Pflanze eine Höhe von 4 bis 5 Metern. Trotz der großen Beliebtheit der Banane auch in nicht tropischen Gebieten weiß man über die volksmedizinische Wirkung noch zuwenig.
In der indischen Volksmedizin wird die Kochbanane bei Geschwüren des Zwölffingerdarmes angewendet, Bananenmehl mit Milch bei Gastritis.
Amerikanische Forscher fanden bei Versuchen heraus, daß die Banane bei Ratten Magengeschwüre heilt und verhütet. Man konnte feststellen, daß die Tiere, die mit Bananenmehl gefüttert wurden, eine wesentlich stärkere Magenschleimhaut hatten als Vergleichstiere. Es ist anzunehmen, daß das ebenso bei Frischverzehr von Bananen zutrifft. Vielleicht ist deshalb die Banane in Deutschland in der Babynahrung so bedeutsam. Außerdem sagt man Bananen nach, daß sie den Cholesterinspiegel im Blut senken.

Neben diesen organischen Auswirkungen beim Verzehr gilt die Banane seit ewigen Zeiten als Frucht der Weisen. Plinius der Ältere schrieb über die Banane: »Weise ruhten im Schatten dieser Staude und aßen von ihren Früchten«. Die Banane ist eine Nährstoffbombe für unser Gehirn. Aus ihren Kohlehydraten wird Glucose erzeugt. Glucose ist aber der wichtigste Energielieferant des Gehirns. Neben den Kohlehydraten enthält die Banane Serotonin und Tryptophan, die sich auf unsere Stimmung auswirken. Ein Mangel an Serotonin löst z.B. Depressionen aus. Übrigens enthält die Banane weit weniger Kalorien, als mancher Kalorienbewußte befürchtet: nur 96 Kalorien auf 100 Gramm.

Currysauce mit Bananen

1 Zwiebel
20 g Butter
1 EL Curry
1 Banane
200 ml Gemüsebrühe

100 g Schlagsahne
Salz, Pfeffer
Zitronensaft
2 EL Honig

Zwiebel schälen und hacken, Butter in einem Topf erhitzen. Zwiebel darin dünsten, mit Currypulver anschwitzen. Banane schälen und in Scheiben schneiden, dazugeben. Mit der Brühe 5 Minuten köcheln lassen. Sauce mit dem Pürierer sämig schlagen. Sahne einrühren und kurz aufkochen lassen. Mit Salz und Pfeffer und einigen Spritzern Zitrone abschmecken, Honig hinzugeben.

Paßt am besten zu Reis mit Rosinen und Hähnchen, aber auch zu gekochten Eiern.

Sesambananen

4 Bananen
2 EL Sesam
50 g Butter

1 Prise Zimt
1 EL Honig

Bananen im Backofen mit der Schale 15 Minuten bei 200 Grad backen. In der Zwischenzeit Sesam ohne Fett in der Pfanne rösten, dann Butter hinzugeben und mit Zimt und Honig würzen. Die Bananen auf 4 Dessertteller verteilen, einen Streifen der Schale öffnen, die Butter auf dem Bananenfleisch verteilen. Sofort servieren.

Bananenreis

200 g Langkornreis
400 ml Wasser
Salz
1 EL Butter
1 Zwiebel

2 Bananen
50 g Rosinen
150 ml Sahne
1 EL Curry
1 EL Honig

Reis in Salzwasser aufkochen, quellen lassen. Butter zerlassen, gewürfelte Zwiebel dünsten. Die in Scheiben geschnittenen Bananen dazugeben und mitdünsten. Rosinen, Sahne und Curry hinzugeben, kurz aufkochen lassen. Mit Honig abschmecken. Reis und Sauce vermengen.
Zu Sprossensalat oder Geflügel reichen.

Banane im Weinblatt

100 g Reis
250 ml Gemüsebrühe
1 Packung Weinblätter in Salzlake
4 Bananen
1 Prise Ingwer

Pfeffer, Salz
2 TL Honig
Öl zum Braten
Preiselbeeren

Reis in der Brühe aufkochen, quellen lassen. In der Zwischenzeit Weinblätter trockentupfen. Bananen schälen, längs halbieren, vierteln und würfeln. Mit Reis, Gewürzen und Honig abschmecken. Die Reismasse auf die Weinblätter setzen, zusammenrollen und mit Holzstäbchen zusammenstecken. In Öl braten und mit Preiselbeeren servieren.

Birne

Man könnte die Birne als zarte Verwandte des Apfels bezeichnen, denn die Boden- und Klimabedingungen sind bei beiden nahezu gleich. Allerdings ist die Geschichte der Birne längst nicht so alt wie die des Apfels. Besonders in den Klöstern der Benediktiner und Zisterzienser wurde die Birne kultiviert. Im 16. Jahrhundert kennt man bereits 50 Sorten, 1865 sind es 263, und heute beziffert man die Anzahl der verschiedenen Birnensorten auf 1500.
Ähnlich wie der Apfel wird die Birne zur Beseitigung von Störungen im Verdauungstrakt herangezogen. Die Heilige Hildegard von Bingen stellte jedoch fest, daß rohe Birnen Blähungen verursachen können, gebratene oder gekochte Birnen aber nützlicher und wertvoller als Gold seien. Der Vitamingehalt der Birne ist, verglichen mit anderen Früchten, relativ gering. Dagegen ist der Mineralstoffgehalt in der Zusammensetzung sehr günstig und wirkt kreislaufregelnd und entlastend auf Herz und Nieren. Überschüssige Wassermengen werden aus dem Körper ausgeschwemmt. Birnen enthalten Jod. Ihr Gerbsäuregehalt wirkt auf die Schleimhäute des Verdauungskanals wohltuend. Die Kiesel- und Phosphatsäure machen Birnen zu einer guten Gehirn- und Nervennahrung.

Versunkener Birnenkuchen

1 kg Birnen
Zitronensaft
125 g Butter
100 g Honig
1 EL Cognac
3 Eigelb
1 Msp. Vanille
60 g Mehl

60 g gemahlener Zwieback
100 g gemahlene Mandeln
2 TL Backpulver
3 Eiweiß
2 EL Honig
1/4 TL Zimt
2 EL Aprikosenmarmelade

Birnen schälen und halbieren, Kerngehäuse entfernen. Fruchthälften mit Zitronensaft bestreichen. Butter, Honig und Cognac zu einer Creme schlagen, Eigelbe nach und nach hinzufügen. Die trockenen Bestandteile vermengen, unter die Masse geben. Steif geschlagene Eiweiße unterheben. In eine gebutterte und panierte Form füllen, Birnen mit der Schnittfläche nach unten auf den Teig setzen, Honig, Zimt und Marmelade vermischen, auf den Birnen verteilen. Bei 180 Grad 60 Minuten backen.

Rotweinbirnen

2 große Birnen
750 ml Rotwein
2 Nelken

1 Stange Zimt
50 g Honig

Birnen schälen, Rotwein mit den Gewürzen erhitzen und die Birnen darin 15 Minuten köcheln lassen. Im Sud kalt werden lassen und bei 40 Grad den Honig einrühren. Birnen abtropfen lassen, Gewürze aus dem Sud nehmen. Den Sud trinken, kann im Kühlschrank einige Tage aufbewahrt werden.
Rotweinbirnen zu Hirsebrei, Reis oder Vanillesauce reichen.

Birnensalat mit geräucherten Forellenfilets

2 kleine Birnen
100 g geräucherte Forellenfilets
1 Zweig frischer Majoran
1 EL Zitronensaft

2 EL Öl
1 TL Honig
Salz, Pfeffer

Birnen waschen und in feine lange Scheiben schneiden. Auf einer Platte rosettenförmig anrichten. Forellenfilets vorsichtig in Stücke zerteilen, auf die Birnen geben. Aus den restlichen Zutaten ein Dressing bereiten und über die Birnen geben.
Dazu Weizenvollkornbrot und leichter Weißwein.

Birnenspalten

4 Birnen
125 ml Weißwein
6 EL Kokosraspel
20 g Butter

3 cl Orangenlikör
1 EL Basilikumblätter
2 EL Schlagsahne
1 EL Honig

Birnen schälen, Kerngehäuse entfernen, Birnen in schmale Spalten schneiden. Im Weißwein bißfest dünsten. Birnen in Kokosraspeln wälzen und in eine ofenfeste Form legen. Mit Butter beträufeln und unter dem vorgeheizten Grill bräunen. Orangenlikör erhitzen, Basilikum und geschlagene Sahne hinzugeben, kurz aufkochen, mit Honig süßen und über die Birnenspalten gießen.

Brombeere

Die Brombeere gehört botanisch zu den Rosengewächsen. Ihr Name leitet sich von dem althochdeutschen bramo ab und bedeutet Dornstrauch. Die Brombeere ist sehr alt, schon aus prähistorischer Zeit liegen Funde von Brombeerkernen vor. Wegen der starken Bestachelung hat die Brombeere als Kulturpflanze jedoch noch keine lange Tradition. Die ersten Kulturformen wurden erst vor 100 Jahren in Europa eingeführt.

Allerdings ist die Brombeere eines der ältesten Arzneimittel und wurde als solches schon von Theophrast und Galen gepriesen. Die Frucht enthält viele Fruchtsäuren wie Äpfelsäure, Zitronensäure und Bernsteinsäure. Die Brombeere erhöht dank ihrer Inhaltsstoffe die Widerstandsfähigkeit gegen Erkältungskrankheiten. Der hohe Kalziumgehalt ist besonders wichtig für das Knochengerüst, die Blutgerinnung, die Nerven und das Herz.

Frische Brombeeren werden selten angeboten, denn sie sind sehr druckempfindlich. Um Aromaverluste zu vermeiden, werden Brombeeren wie Himbeeren in der Regel vor der Zubereitung nicht gewaschen.

Brombeerpunsch

250 ml Brombeersaft　　　　　*1 Prise Zimt*
250 ml Wasser　　　　　　　*3 EL Honig*
1 Nelke

Brombeersaft, Wasser und Gewürze erhitzen, etwas abkühlen lassen, Honig hinzufügen. Der Punsch kann mit einem Obstler vermengt werden. Die wohltuende Wirkung an kalten Abenden bemerkt man jedoch auch ohne den Alkohol.

Brombeeren mit Geheimratskäse

1 Geheimratskäse (kleine Käselaibe
mit roter Schale)
1 Apfel
1 Birne

1 TL Zitronensaft
4 EL Brombeeren
1 TL Honig
2 cl Johannisbeerlikör

Käse quer halbieren und mit einem Löffel aus beiden Hälften die Mitte entfernen, da die Hälften gefüllt werden sollen (1 cm Rand stehen lassen). Apfel und Birne waschen und entkernen, in Würfel schneiden und mit Zitronensaft beträufeln. Brombeeren hinzugeben, ebenso den vorher entfernten Käse. Honig und Likör vermischen, unter das Obst geben, den Käse damit füllen.
Dazu Vollkornbrot.

Brombeersahne

500 g Brombeeren
2 EL Honig
1 Becher Crème fraîche
4 EL Brombeerlikör oder Milch

2 EL Honig
1 Msp. Zimt
8 Vollkornbutterkekse

Brombeeren verlesen, evtl. waschen, mit Honig vorsichtig vermengen und zugedeckt ruhen lassen. Crème fraîche anschlagen, Likör, Honig und Zimt unterrühren und über die Brombeeren geben.
Mit Keksen servieren.

Brombeerknödel

300 g Brombeeren	1 Prise Salz
2 TL Honig	40 g Nüsse
1 kg gekochte Kartoffeln	80 g Butter
350 g Mehl	80 g Honig
40 g Butter	2 TL Zimt
1 Ei	

Brombeeren verlesen und mit dem Honig verrühren. Gekochte Kartoffeln schälen und durch eine Presse drücken. Mit Mehl, Butter, Ei und Salz zu einem Teig verarbeiten. Eine lange Rolle formen, gleich große Stücke abschneiden. In jedes breitgedrückte Teigstück Brombeeren geben. Kartoffelmasse gut verschließen, zu Knödeln formen und in kochendes Wasser legen. Garen bis die Knödel aufsteigen. Gemahlene Nüsse in einer Pfanne ohne Fett bräunen, abkühlen lassen. Knödel in den Nüssen wälzen. Butter erwärmen, Honig und Zimt dazu geben. Süße Butter über die Knödel gießen und sofort servieren.
Falls die Brombeeren zuviel Saft ziehen, vor dem Füllen abgießen.

Erdbeere

Wilde Erdbeeren sind den Menschen schon sehr lange bekannt, wie vorgeschichtliche Funde in vielen Schweizer Pfahlbauten beweisen. Auch in Siedlungen der Jungsteinzeit fand man sie. Die ersten Kulturerdbeeren erscheinen im 15. Jahrhundert in Frankreich und England.
Eine Frucht wie die Erdbeere hinterläßt viele Spuren in der Volksmedizin. Wegen ihres Wohlgeschmackes und ihrer leuchtenden Farbe wird die Erdbeere von jeher mit Schönheit verbunden. In der Slowakei wurden Erdbeeren sogar gemust und äußerlich als Mittel gegen Sommersprossen eingesetzt. Innerlich kann die Erdbeere bei Magen- und Darmbeschwerden, Ruhr und Gallenleiden angewendet werden.
Besonders bei Rekonvaleszenten kann die Erdbeere Wunder wirken, denn sie er-

frischt und belebt, ohne zu belasten. Die Kalzium- und Phosphorverbindungen wirken kräftigend, Erdbeeren wirken verdauungsfördernd und kreislaufregulierend. In alten Büchern findet man den Hinweis, daß Erdbeeren für kranke und alte Menschen nicht vom Stiel befreit werden sollten, da sich so die Wirkung verstärken lasse.

Mit Sicherheit zerstören Erdbeeren Viren. So konnte in einem Reagenzglasversuch, als die Erdbeeren püriert und mit verschiedensten Viren durchmischt wurden, bewiesen werden, daß sie sogar das Poliovirus und das Herpes-simplex-Virus vernichten. Außerdem enthalten Erdbeeren Pektin, das bei Tieren und Menschen den Cholesterinspiegel senkt. Die in den Erdbeeren enthaltenen Mengen von Polyphenolen haben krebshemmende Wirkung.

Es gibt allerdings Menschen, die auf Erdbeeren allergisch reagieren und einen juckenden Nesselausschlag bekommen. Diese Überempfindlichkeit gegenüber körperfremden Eiweißstoffen der Erdbeere kann gemindert werden, wenn man zur Erdbeerzeit reichlich Bienenhonig zum Frühstück ißt.

Erdbeerschnee

1 Eiweiß	*150 g Erdbeeren*
2 EL Honig	*1 Spritzer Zitronensaft*

Eiweiß steif schlagen, mit Honig süßen. Erdbeeren waschen, putzen und mit einer Gabel zerdrücken, unter die Eischneemasse heben und mit Zitrone abschmecken, sofort servieren.

Erdbeersalat pikant

1 Kopfsalat
4 Bananen
3 EL Zitronensaft
150 g Erdbeeren

10 eingelegte grüne Pfefferkörner
Pfeffer, Salz
4 EL Öl
1 TL Honig

Kopfsalat putzen, zerpflücken und waschen. Abgetropfte Blätter in eine Schüssel geben, geschälte und in Scheiben geschnittene Bananen darauf verteilen. Sofort mit Zitrone beträufeln. Geputzte und gewaschene Erdbeeren halbieren und auf den Salat geben. Aus den übrigen Zutaten eine Marinade bereiten und über den Salat gießen.
Dieser Salat ist ideal an heißen Sommertagen.

Erdbeercrêpes

50 g Mehl
1 EL Honig
125 ml Milch
1 Ei
60 g Butter

500 g Erdbeeren
1 Msp. Vanille
4 EL Cognac
1 EL Honig

Aus Mehl, Honig, Milch und Ei einen Teig bereiten und Crêpes in Butter backen. Erdbeeren waschen, putzen und halbieren, mit Vanille, Cognac und Honig vermengen. Die Crêpes mit Erdbeeren füllen, evtl. mit Rum flambieren.

Erdbeertorte

Teig:
200 g Weizenmehl
1 Eigelb
2 EL kaltes Wasser
150 g kalte Butter
50 g Honig

Belag:
50 g zartbittere Blockschokolade
150 g roter Johannisbeergelee
500 g Erdbeeren
4 EL Orangenlikör

Knetteig zubereiten, der im Kühlschrank ruhen muß. Dann in eine Springform geben, Ränder hochziehen. Mit einer Gabel mehrmals anstechen und bei 200 Grad 25 Minuten backen. Den abgekühlten Boden mit geschmolzener Blockschokolade bestreichen, dann kann der Boden nicht mehr soviel Saft ziehen, und die Erdbeeren bleiben schön fest. Den Johannisbeergelee unter Rühren auflösen und etwas einkochen lassen. Nach Bedarf mit dem Orangenlikör abschmecken. Die Erdbeeren auf dem Boden verteilen und mit dem Gelee bestreichen. Abkühlen lassen und am selben Tag mit Schlagsahne servieren.

Heidelbeere

Die Heidelbeere ist in ganz Europa, Asien und Amerika verbreitet. Das althochdeutsche Wort heitperi bedeutet soviel wie »die im Gestrüpp wachsende Beere«. Leider hat das niedrige Wachstum der Heidelbeere auch zur Folge, daß sie mit dem Fuchsbandwurm befallen sein kann. Wildwachsende Heidelbeeren müssen daher gut gewaschen werden und gekocht auf den Tisch kommen. Für Rezepte mit rohen Heidelbeeren kauft man besser Beeren von kultivierten Sträuchern. Die Früchte der Heidelbeere enthalten viele organische Säuren, wie Apfel-, Bernstein-, Citronen-, Milch- und Chinasäure, und Gerbstoffe sowie Pektin. Der Heidelbeere wird ein günstiger Einfluß auf die Blutbildung eingeräumt. Französische Wissenschaftler haben festgestellt, daß Heidelbeeren zur Verbesserung des Sehvermögens bei Dämmerung und in der Nacht beitragen. Sie helfen den Augen, sich schneller an wechselnde Lichtverhältnisse anzupassen, und verringern die Ermüdbarkeit der Augen. Das ist vor allem für Menschen interessant, die viel am Bildschirm eines Computers sitzen.

Die Gerbstoffe der Heidelbeere sind gut für die Schleimhäute, und die Heidelbeere wird daher für Erkrankungen des Halses, des Mundes und des Kehlkopfes eingesetzt. Aber auch der Darm wird durch die Heidelbeere günstig beeinflußt. Bei manchen Menschen wirken Heidelbeeren abführend oder bekämpfen Durchfall. Es gibt auch Hinweise, daß die kleinen blauen Beeren infektiöse Viren abtöten und Schädigungen der Blutgefäße verhindern. Diese Wirkung ist auf Hydrochinon zurückzuführen, das während des Verdauungsvorganges gespalten wird und desinfizierend, keimhemmend, heilend und wassertreibend wirkt. In der Naturheilkunde werden die Früchte meist getrocknet verwendet.

Heidelbeeren mit Cornflakes

500 g Heidelbeeren	*1 Msp. Zimt*
0,5 l Milch	*100 g Cornflakes*
50 g Honig	*1 Eiweiß*
1 TL Butter	*1 TL Honig*

Heidelbeeren gut waschen und abtropfen lassen. Milch erwärmen, Honig und Butter und Zimt hineingeben. Auf die Cornflakes gießen, Heidelbeeren darauf verteilen und das geschlagene Eiklar mit Honig gesüßt als Haube obenauf setzen.

Heidelbeerauflauf mit Reis

4 Tassen Milch	*2 EL gehackte Mandeln*
2 Tassen Rundkornreis	*50 g Rosinen*
2 Eier	*500 g Heidelbeeren*
75 g Honig	*50 g Butter*

Milch kochen, Reis hineinschütten und quellen lassen. Eigelbe mit Honig verrühren, unter den Reis heben, wenn dieser etwas abgekühlt ist. Mandeln, Rosinen und Heidelbeeren hinzufügen, ebenso die geschlagenen Eiweiße. Eine Form mit Butter ausstreichen, die Masse hineingeben und Butterflöckchen darauf setzen, kurz in der Backröhre bräunen.

Heidelbeerpfannkuchen

250 g Mehl
4 Eier
2 TL Honig
375 ml Milch

125 ml Mineralwasser
300 g Heidelbeeren
Öl

Aus Mehl, Eiern, Honig, Milch und Wasser einen Teig bereiten. Ein Teil des Mehls zur geschmacklichen Abwandlung durch Buchweizen ersetzen. Heidelbeeren gut waschen und abtropfen lassen. In einer Pfanne Öl erhitzen, dünnen Teig hineingeben und eine Handvoll Heidelbeeren darauf verteilen. Den Kuchen umdrehen und eine halbe Minute backen, dann wieder umdrehen, auf einen Teller geben und mit Honig warm servieren.

Himbeere

Die Himbeere, die rote Verwandte der Brombeere, ist als Kulturform seit dem Mittelalter bekannt. Sie hat ein ausgewogenes Säure-Zucker-Verhältnis und kann ohne Bedenken in größeren Mengen genossen werden, ohne daß Beschwerden erwartet werden müssen. Die Kerne der Himbeere fördern die Darmtätigkeit. Für Nieren- und Rheumakranke ist sie wegen ihrer Eiweißarmut gut geeignet. Himbeeren haben einen hohen Anteil an Kalium, Kalzium, Magnesium und Phosphor und sind neben der Brombeere die wichtigste unserer einheimischen Obstsorten.

Himbeermilch

100 g Himbeeren   125 ml trockener Weißwein
250 ml Buttermilch   2 TL Honig
2 EL Joghurt

Himbeeren verlesen, entstielen und pürieren, mit Buttermilch, Joghurt, Wein und Honig verrühren und gut gekühlt an heißen Sommerabenden servieren.
Für Kinder den Wein durch Mineralwasser und 1 EL Zitronensaft ersetzen.

Himbeerparfait

500 g Himbeeren   2 EL Zitronensaft
2 Eigelb   2 Eiweiß
125 g Honig   500 ml Schlagsahne

Himbeeren verlesen, entstielen und pürieren, evtl. durch ein Sieb streichen. Eigelb mit Honig cremig rühren, Zitronensaft unterrühren. Eiweiß und Schlagsahne steif schlagen und vorsichtig unter die Eigelb-Creme ziehen, dann das Himbeerpüree darunter mengen. Zugedeckt im Gefrierfach 3 Stunden gefrieren lassen.
Vor dem Servieren das Parfait in heißes Wasser halten, auf eine Platte stürzen.

Himbeerbowle

250 g Himbeeren   1 l trockener Weißwein
100 g Honig   1 Flasche Sekt
200 ml Wasser

Beeren mit Wasser abspülen, in ein hohes Gefäß legen, mit Honig und vorher abgekochtem Wasser 3 Stunden im Kühlschrank stehen lassen. Wein zugießen und erneut in den Kühlschrank stellen. Mit Sekt aufgießen und leicht umrühren.

Roh gerührte Himbeersauce

300 g Himbeeren
50 g Honig
2 EL Himbeergeist

Himbeeren mit Honig pürieren, mit Himbeergeist parfümieren und zu Eis, Reis oder Hirse reichen.

Frischer Himbeerkuchen

Teig:
200 g Mehl
80 g Honig
1 Eiweiß
125 g Butter

Belag:
2 Eigelb
2 EL Honig
1 Msp Vanille
200 g Frischkäse
2 EL Crème fraîche
750 g Himbeeren
Tortenguß

Eine gebutterte Obstkuchenform mit dem Teig auslegen und bei 200 Grad 15 Minuten backen. In der Zwischenzeit Eigelb, Honig, Vanille, Frischkäse und Crème fraîche verrühren, etwas Himbeersaft hinzugeben und auf dem Tortenboden verteilen. Die Himbeeren (möglichst nicht waschen) verlesen und auf die Creme setzen. Eventuell mit Tortenguß überziehen.

Schwarzer Holunder

Der schwarze Holunder gehört eigentlich nicht zu den Früchten, die wir in unseren täglichen Speiseplan mit einbeziehen. Er ist jedoch für die Gesundheit so wichtig, daß wir ihn nicht außer acht lassen wollen. Im Mittelalter war der Holunder als Heilpflanze so bedeutend, daß niemand an ihm vorbeigehen durfte, ohne den Hut zu ziehen. Wer einen Holunderbusch ausgrub, der lud den Unmut der Geister auf sich. Unglück und Krankheit, so glaubten die Menschen damals, seien die Folge. Heutzutage hat der Holunder für die meisten Menschen keine Bedeutung und wird als Unkraut bekämpft.

Der Holunder gehört zur Familie der Geißblattgewächse und wird bis zu 8 Metern hoch. Heilkräftig sind die Blätter, die Blüten, die Rinde, die Wurzel und die Früchte des Holunders. Die Blüten und die Früchte lassen sich in der Küche verwenden. Dabei ist wichtig, die Früchte immer zu kochen, denn sie enthalten Sambunigrin, das giftig ist, beim Kochen jedoch zerstört wird. Kocht man Holunder nicht, wird aus dem Sambunigrin unter enzymatischen Vorgängen Blausäure frei, die Erbrechen, Durchfall und Benommenheit hervorruft. Täglich genossen, sollen Heißgetränke mit Holunder Neuralgien und Ischias erheblich mindern. In den Beeren sind Vitamin C und viele Farbstoffe enthalten, die im Ruf stehen, Krebs vorzubeugen.

Die Blüten des Holunders enthalten fast doppelt soviel Vitamin C wie die Früchte und sind gebacken eine Delikatesse. Holundermus ist dank seiner Säuren, Gerb- und Farbstoffe ein mildes Abführmittel. Die getrockneten Blüten werden meist bei fiebrigen Erkältungen angewandt, denn sie regen die Drüsensekretion an und wirken schweißtreibend. Ein Tee aus Blüten des Holunders wirkt harntreibend. Der Selengehalt der Früchte ist beim Holunder höher als bei allen anderen einheimischen Früchten.

Übrigens ist der Holunderstrauch ein guter Honiglieferant und sollte schon deshalb im Garten seinen Platz haben.

Gebackene Holunderblüten

100 g Mehl	12 Holunderblütendolden
Salz	125 g Butterschmalz
3 Eier	50 g Honig
60 ml Milch	1 TL Zimt

Aus Mehl, Salz, Eiern und Milch einen Teig bereiten, Dolden hineintauchen, in heißem Butterschmalz ausbacken. Honig vorsichtig erwärmen, mit Zimt würzen und über die Dolden geben.
Sofort servieren.

Holunderblüten-Milch-Kaltschale

1 gewaschene Holunderblütendolde	2 TL Speisestärke
500 ml Milch	3 EL Honig

Holunderblüte mit Milch 10 Minuten kochen, mit Speisestärke andicken. Vom Herd nehmen, etwas abkühlen lassen und mit Honig süßen.

Holunderpunsch

250 ml Holundersaft	1 Msp. Zimt
250 ml Wasser	3 EL schwarzer Johannisbeersaft
1 Zitrone	3 EL Honig
1 Msp. Nelkenpulver	

Holundersaft, Wasser, Saft der Zitrone, Gewürze und Johannisbeersaft erhitzen, vom Herd nehmen und mit Honig süßen. Schluckweise trinken.
Um eine anregende Wirkung zu erzielen, kann man das Wasser durch schwarzen Tee ersetzen.

Holundersuppe

250 ml Holundersaft   1 TL Speisestärke
250 ml Wasser   geröstete Vollkornbrotwürfel
1 Apfel   1 EL Milch oder Crème fraîche
1 TL Zitronenschale

Holundersaft mit Wasser erhitzen, geraspelten Apfel dünsten, Zitronenschale
nach dem Kochen entfernen. Mit Speisestärke andicken, mit gerösteten Voll-
kornbrotwürfeln bestreuen.
Milch oder Crème fraîche machen die Suppe lieblicher.

Johannisbeere, Stachelbeere

Die schwarze Johannisbeere war wie ihre Verwandten, die rote Johannisbeere
und die Stachelbeere, lange Zeit ein Aschenputtel unter den Obstsorten. Oftmals
fristete sie ein Schattendasein in einer Ecke des Hausgartens. Seit einiger Zeit
weiß man jedoch, daß ihr Vitamin C-Gehalt etwa drei- bis viermal höher als der
einer Zitrone ist. Durch erfolgreiche Züchtung sind heute Johannisbeeren auf
dem Markt, die sich für den Frischverzehr eignen und den abfälligen Namen
Bock- bzw. Wanzenbeere nicht mehr rechtfertigen. Denn ihr Geruch erinnert heute nicht mehr an solche Kleintiere.
Schwarzen Johannisbeersaft kann man wirksam bei Erkältungskrankheiten an-
wenden. Auch die Festigkeit der Gefäßwände kann man mit der Johannisbeere
positiv beeinflussen. Somit ist bei Neigung zu Schlaganfällen die Johannisbeere
eine Frucht, die häufig genossen werden sollte. Die schwarze Johannisbeere
wirkt darüber hinaus kreislaufanregend, herzstärkend und wasserausschwem-
mend. Diese Wirkung macht den Genuß von Johannisbeeren bei müden, schweren Beinen und Cellulitis ratsam. Die Absonderung von Wasser ist immer gepaart
mit der Ausschwemmung von Stoffwechselprodukten, so daß die schwarze Johannisbeere zur Blutreinigung eingesetzt werden kann.
Für Kinder und Erwachsene ist der Saft der schwarzen Johannisbeere unerläß-

lich, wenn man Keuchhusten oder Bronchialkatarrh hat. Alle zwei Stunden ein Eßlöffel voll oder 2 Eßlöffel gemischt mit heißem Wasser und gesüßt mit Fenchelhonig sollten den Husten bald vertreiben.

Die schwarze Johannisbeere enthält 6,8 g Ballaststoffe auf 100 Gramm. Damit steht sie ganz vorne im Vergleich zu den anderen Obstsorten und sollte oft auf dem Speiseplan stehen. Die Deutsche Gesellschaft für Ernährung empfiehlt, täglich 30 bis 40 Gramm an Ballaststoffen zu verzehren.

Die rote und weiße Johannisbeere haben praktisch die gleichen Eigenschaften wie die schwarze Johannisbeere, jedoch sind die wirkenden Bestandteile nicht so stark. Hier hält man die Farbstoffe, deren Wirkung im Organismus noch viel zu wenig untersucht wurde, für verantwortlich. Von der schwarzen Johannisbeere weiß man, daß sie neben den bereits beschriebenen Erkrankungen auch bei Müdigkeit, Lebererkrankungen, Angina, Arthritis und Schnupfen empfohlen wird. Die getrockneten Früchte werden als Mittel gegen Durchfall eingesetzt, denn das Wachstum von Darmbakterien, die Durchfall verursachen, wird eingeschränkt, die Farbstoffe wirken entzündungshemmend.

Rote Grütze

200 g rote Johannisbeeren   *40 g Speisestärke oder Sago*
200 g schwarze Johannisbeeren   *2 EL Zitrone*
200 g Himbeeren   *6 EL Honig*
1/2 l Wasser

Beeren verlesen, waschen und mit Wasser kurz aufkochen. Speisestärke mit Zitronensaft anrühren, zu den Früchten geben und nochmals kurz aufkochen. Abkühlen lassen und bei 40 Grad Honig einrühren.
Dazu Vanillesauce reichen.

Johannisbeer-Pfirsich-Sorbet

200 g helle Johannisbeeren   *8 EL Weißwein*
2 Pfirsiche   *50 g Honig*

Beeren verlesen, waschen und gut abtropfen lassen. Pfirsiche waschen, abtrocknen und entsteinen, Fruchtfleisch in Würfel schneiden. Beide Zutaten im Gefrierfach gefrieren lassen. Weißwein erwärmen, Honig darin auflösen und gefrorene Früchte hineingeben. Dann pürieren und durch ein Sieb streichen. Die Masse im Gefrierfach des Kühlschranks gefrieren lassen und alle 15 Minuten durchrühren. Nach ungefähr einer Stunde ist das Sorbet servierfertig.

Cassisbowle

375 g schwarze Johannisbeeren   *2 Flaschen Weißwein*
125 ml Cassis   *1 Flasche trockener Sekt*
2 EL Honig

Beeren verlesen, waschen und abtropfen lassen, mit Cassis, Honig und einer Flasche Wein ansetzen. 3 Stunden kalt stellen. Die zweite Flasche Wein und den Sekt hinzugeben, servieren.

Stachelbeertorte

Teig:
200 g Mehl
75 g Honig
1 Ei
125 g Butter

Belag:
1 EL Butter
2 EL Honig
750 g frische Stachelbeeren
125 ml Wasser
5 EL Honig

Mürbeteig herstellen. Zwei Drittel des Teiges bei 200 Grad 15 Minuten in einer Tortenbodenform backen. Restlichen Teig hauchdünn ausrollen und ebenfalls backen. Den zweiten Boden zerbröckeln und in Butter rösten, mit Honig würzen. Stachelbeeren mit Wasser kochen, in einem Sieb abtropfen lassen. Mit Honig und den gerösteten Bröseln vermengen, auf dem Tortenboden verteilen.
Mit Schlagsahne servieren.

Kirsche

Die Kirschen sind vermutlich so alt, wie es Menschen auf der Erde gibt. Zwar gab es nicht die heute bekannten Kulturformen, sondern nur die wesentlich kleinere Vogelkirsche. In Griechenland wurden jedoch bereits 400 Jahre v. Chr. Süßkirschen gezüchtet. Die Sauerkirsche wurde erst später kultiviert.
Die Kirsche wird wegen ihrer günstigen Einflußnahme auf Verdauungsorgane, Nieren, Leber und Bauchspeicheldrüse in Diäten verwendet. Durch den hohen Mineralstoffgehalt wird der Kreislauf entlastet, und die Nieren werden angeregt. Vor allem Kinder sollten Kirschen reichlich essen wegen der Vitamine und des hohen Phosphorgehalts, der am Knochenaufbau und an der Zahnbildung maßgeblich beteiligt ist. Kirschen beugen außerdem Karies vor. Die Sauerkirsche regt den Stoffwechsel etwas stärker an, denn sie enthält mehr reinigende Pflanzensäure.

Sauerkirschkuchen

500 g Sauerkirschen
150 g Butter
150 g Honig
3 Eier
300 g Mehl
1 Päckchen Weinstein-Backpulver

6 EL Milch
1 EL Kakao oder Carobpulver
4 EL gemahlene Mandeln
1 Msp. Muskat
1 TL Zimt

Kirschen waschen, entstielen und entsteinen. Aus den restlichen Zutaten Rührteig herstellen. Eine Springform einfetten, zwei Drittel des Teiges einfüllen, Kirschen darauf verteilen. Mit dem restlichen Teig bedecken und bei 200 Grad 60 Minuten backen.

Kirschenquark

250 g Magerquark
3 EL Honig
2 Msp. Zimt

1 Msp. Vanille
4 EL Sahne
150 g Sauerkirschen

Kirschen waschen, entstielen und entsteinen, Saft auffangen. Quark mit Honig, Zimt, Vanille und Sahne verrühren. Kirschen mit Saft unterheben.

Kirschenstrudel

200 g Mehl
40 g Honig
125 ml lauwarmes Wasser
1 Ei
1 TL Zitrone

2 EL Öl
1,5 kg Sauerkirschen
1 EL Zimt
200 g Honig
Butter

Mehl, Honig, Wasser, Ei, Zitrone und Öl zu einem Teig verarbeiten. Zugedeckt 30 Minuten ruhen lassen. Kirschen waschen, entstielen und entkernen, mit Zimt und Honig vermischen. Den Strudelteig halbieren und zwei große Rechtecke ausrollen. Jeweils die Hälfte der Kirschen darauf verteilen und zusammenrollen. In eine gefettete Backform legen und mit flüssiger Butter bestreichen. Bei 200 Grad 40 Minuten backen.
Dazu schmeckt Vanillesauce oder Sahne.

Orange

Die Orange oder Apfelsine kommt ursprünglich aus China, genauer aus der Region südlich des Himalaja. Aus dieser Orange wurden im Laufe der Zeit verschiedene Früchte gezüchtet. Die Früchte unterscheiden sich erheblich bezüglich Geschmack, Größe, Beschaffenheit der Schale und Zucker-Säure-Verhältnis. Durchschnittlich enthält die Orange ca. 14 % Säure, so daß der Verzehr von Orangen bei Magenkranken zu Problemen führen kann. Auch Kinder und Erwachsene mit Neurodermitis sollten andere Früchte bevorzugen, zudem der Gehalt an Vitamin C in einheimischen Früchten dem Gehalt der Orange in nichts nachsteht.
Bereits 1927 beschrieb ein Bericht des Journals American Medicine die günstigen Eigenschaften der Orange bei bronchialen und asthmatischen Beschwerden. Des weiteren konnte man in diesem Artikel lesen, daß der Verzehr von Orangen das Herz stärkt, den Kreislauf stimuliert und das Blut reinigt. Neuere Untersuchungen haben gezeigt, daß der tägliche Verzehr einer Orange bestimmte Viren

bekämpft (also die antibakterielle Wirkung des Honigs verstärkt), den Blutdruck senkt, den Belag auf den Arterien mindert und das Risiko für bestimmte Krebsarten schmälert. Wichtig ist jedoch, daß die Orangen mit dem zarten Häutchen der Schale und am besten noch dem Inneren der Schale gegessen werden.

Kuchen mit Orangen

250 g Mehl	*3 Eier*
100 g Honig	*100 g Honig*
1 Ei	*100 g geschälte Mandeln*
125 g Butter	*2 Orangen (unbehandelt)*
1 Orange unbehandelt	*4 EL Honig*
150 g Butter	

Aus Mehl, Honig, Ei und Butter einen Teig bereiten und damit eine Tortenbodenform belegen. Orange waschen, Schale abreiben und Saft auspressen. Butter zerlassen. Eier, Honig, Orangenschale und ein Viertel des Orangensaftes schaumig rühren. Butter langsam einfließen lassen. Mandeln und den restlichen Saft dazugeben und den Mürbeteig damit bestreichen. Bei 220 Grad 30 Minuten backen. Derweil Orangen waschen, in hauchdünne Scheiben schneiden und in wenig Wasser dünsten. Am Ende darf kein Saft mehr übrig sein. Vom Herd nehmen, mit Honig süßen und auf die Oberfläche des Kuchens legen.

Chicorrée mit Orangen

2 Chicorréestauden
2 Orangen
Saft einer Orange
1 TL Cognac
Salz, Pfeffer

1 TL Honig
1 EL Schmand
1 TL Ketchup oder 1/2 TL Tomatenmark
1 kleine Zwiebel
1 TL Öl

Chicorrée waschen, bitteren Strunk evtl. entfernen und feingeschnitten in eine Schüssel legen. Orangen schälen, in kleine Stücke schneiden, auf den Chicorrée legen. Aus den restlichen Zutaten eine Marinade bereiten und darüber gießen.

Sauerkraut mit Orangen

500 g Sauerkraut
2 Orangen
100 g Joghurt
1 EL Apfelessig

Salz, Pfeffer
1 EL Honig
1 TL Orangenlikör
1 EL Öl

Sauerkraut abtropfen lassen und mit der Gabel zerpflücken. Orangen schälen und, in Stücke geschnitten, mit dem Sauerkraut vermischen. Aus den restlichen Zutaten ein Dressing bereiten, mit dem Salat vermischen und zugedeckt eine Weile ziehen lassen.

Orangen-Fisch-Salat

500 g Fischfilet	*3 EL Essig*
Saft einer Zitrone	*Saft einer Orange*
Salz	*1 TL Senf*
4 Orangen	*2 TL Honig*
125 g saure Sahne	*Salz, Pfeffer*
1 Bund frische Kräuter	*1 Avocado*

Fisch gut waschen, mit Zitronensaft und Salz aufkochen, ziehen lassen. Orangen schälen, Zutaten für die Sauce verrühren und abschmecken. Avocado halbieren, Kern und Fruchtfleisch herauslösen, in mundgerechte Stücke teilen und sofort mit dem Dressing verrühren. Orangen in Stücke schneiden und in die Sauce geben. Abgetropften Fisch zerpflücken, auf den Salat geben, durchziehen lassen.

Pfirsich

Der Pfirsich ist, ähnlich wie die Erdbeere, eine milde sommerliche Frucht, die besonders für Kinder und Rekonvaleszenten geeignet ist. Der Pfirsichbaum war schon 2000 v. Chr. in China bekannt. Aus dem lateinischen Wort »persicum«, was soviel wie Persischer Apfel bedeutet, entstand das Wort Pfirsich. Moderne wissenschaftliche Erkenntnisse über den Pfirsich gibt es wenig. Dennoch weiß man, daß das günstige Kalium/Natrium Verhältnis die Ausscheidung von Wasseransammlungen im Gewebe ermöglicht, und somit die Herztätigkeit reguliert.
Manche Leute bekommen beim Verzehr der Pfirsiche mit der Schale einen Hautausschlag. In diesem Fall sollten Pfirsiche nur geschält gegessen werden, oder man greift auf Nektarinen zurück. In jedem Fall sollte Obst, und das gilt insbesondere für die samtige Haut des Pfirsichs, warm und gründlich gewaschen werden.

Pfirsich im Schnee

500 g Pfirsiche	3 EL Honig
200 g Frischkäse	1 TL Apricot Brandy
2 EL Crème fraîche	3 EL Preiselbeeren

Pfirsiche waschen, gegebenenfalls pellen, halbieren und den Stein entfernen. Die Hälften mit dem Loch nach oben auf eine Platte legen. Aus Frischkäse, Crème fraîche, Honig und Brandy eine Masse herstellen, Pfirsiche damit füllen. Einige Preiselbeeren obenauf legen.

Pfirsiche in Weinteig

4 Pfirsiche	40 g Honig
250 g Mehl	2 Eier
40 g Butterschmalz	250 ml trockener Weißwein

Pfirsiche waschen und in mundgerechte Stücke schneiden. Aus den anderen Zutaten einen Teig herstellen, Pfirsichstücke durch den Weinteig ziehen und in Butterschmalz schwimmend backen.
Lecker zu Pilz- und Käsegerichten.

Pfirsichkuchen

200 g Butter	300 g Mehl
150 g Honig	50 g Speisestärke
1 Msp. Vanille	3 gestr. TL Weinsteinbackpulver
1 Ei	500 g Pfirsiche

Aus den Zutaten einen Rührteig herstellen. Pfirsiche waschen, halbieren und entsteinen. Teig in eine Springform füllen, Pfirsiche darauf legen und bei 200 Grad ca. 40 Minuten backen.

Pfirsiche mit Sekt

6 vollreife Pfirsiche   1 Msp. Zimt
3 EL Orangensaft   1 EL Honig
3 EL Zitronensaft   500 ml Sekt

Pfirsiche waschen, entsteinen und in dünne Streifen schneiden, mit einer Gabel mehrmals anstechen. Orangensaft, Zitronensaft, Zimt und Honig miteinander vermischen und über die Pfirsiche geben, den Sekt darüber gießen und zugedeckt 2 Stunden kühl stellen.
In kleinen Schalen servieren, Käse dazu reichen.

Pflaume

Die Pflaume ist eine Obstsorte, die schon seit Jahrtausenden von Menschen verzehrt wird. Daher ist der Ursprung bzw. die Wildform schwer festzustellen. Die Pflaume ist eine Frucht des späten Sommers bzw. Herbstes und als solche sehr wichtig. Während heutzutage die Pflaume hauptsächlich getrocknet als Abführmittel ganzjährig gegessen wird, weiß die Volksheilkunde, daß sie sowohl frisch als auch getrocknet Fieber senken kann und Wassersüchtigen den Durst nimmt. Letzteres muß auf das Verhältnis von Natrium und Kalium zurückgeführt werden, das 1:83 beträgt. Der hohe Kaliumgehalt regt das Herz an und ermöglicht eine erhöhte Wasserausscheidung, so daß die Pflaume im Rahmen einer Diät für Nieren-, Gicht- und Rheumakranke geeignet ist.
Man sollte jedoch den täglichen Verzehr von Pflaumen wegen ihrer abführenden und zu Beginn auch blähenden Wirkung langsam steigern. Wichtig ist dabei, daß sie vollreif sind, denn unreife Früchte verursachen wie unreife Gurken Bauchweh. Vor, beim und kurz nach dem Verzehr von Pflaumen kein Wasser trinken, denn auch das führt zu Bauchschmerzen!

Pflaumen mit Edelpilzkäse

500 g Pflaumen
50 g Honig
200 g Edelpilzkäse (mit Blauschimmel)
2 cl Obstler

250 ml Wein
250 g Mehl
2 Eier

Pflaumen waschen und entsteinen. Honig und Edelpilzkäse mit Obstler pürieren, Pflaumen damit füllen. Weinteig aus Wein, Mehl und Eiern bereiten, evtl. mit Honig süßen. Pflaumen einzeln auf Holzstäbchen stecken, durch den Teig ziehen und in Butterschmalz schwimmend backen.

Pflaumenkuchen nach Gustis Art

500 g Mehl
1 Würfel Hefe
80 g Honig
250 ml Milch

80 g Butter
1 Ei
1500 g Pflaumen

Mehl in eine Schüssel geben, in eine Vertiefung Hefe hineinbröckeln, Honig und warme Milch mit geschmolzener Butter darüber geben. Gehen lassen, gut durchkneten, Ei hinzufügen und nochmals gehen lassen. Backblech mit Teig belegen. Pflaumen waschen, entkernen und eingeschnitten auf dem Hefeteig verteilen. Bei 180 Grad 40 Minuten backen.

Wer möchte, kann aus 250 g Mehl, 50 g Haferflocken, 50 g Honig und 150 g Butter Streusel bereiten und über die Pflaumen streuen. So zieht ein Teil des Saftes in die Streusel, und er steht nicht so üppig auf dem Kuchen. Streusel mit Honig werden etwas weicher als mit Zucker. Dem wird abgeholfen, indem Haferflocken, Sesam oder Nüsse zu den Zutaten gegeben werden.

Backpflaumenbrot

500 g Weizenvollkornmehl
20 g Hefe
60 g Honig
250 ml lauwarme Milch

50 g Butter
1 Prise Salz
200 g ungeschwefelte Backpflaumen

Mehl in eine Schüssel geben, in die Mitte eine Mulde drücken. Hefe mit Honig in der Milch auflösen und mit einem Teil des Mehls verrühren, 20 Minuten gehen lassen. Butter und Salz zugeben und alles gut verkneten, die in Würfel geschnittenen Backpflaumen unterarbeiten. Teig dritteln. Stücke zu gleich langen Strängen ausrollen und daraus einen Zopf flechten. Mit Eigelb oder Honigwasser bestreichen und 30 Minuten gehen lassen, bei 200 Grad 40 Minuten backen.

Preiselbeere

Die Preiselbeere ist eine Verwandte der Heidelbeere, wächst jedoch lieber in trockenen Kiefernwäldern oder auf der Heide. Sie ist purpurrot und stammt ursprünglich von Kreta. So läßt es jedenfalls die deutsche Übersetzung des lateinischen Namens vermuten. Die Preiselbeere hat ein günstiges Kalium-Natrium-Verhältnis und erhöht die Wasserausscheidung. Magen- und Darmbeschwerden werden durch den Gehalt an Säuren (Zitronen-, Apfel- und Weinsäure, Gerb- und Benzoesäure) gelindert. Die Benzoesäure erzielt vermutlich eine Besserung von Rheuma und Gicht. Für die Harnwege sind Preiselbeeren eine gute Medizin. Forschungen in den USA haben ergeben, daß 1/8 Liter Preiselbeersaft pro Tag Entzündungen der Harnwege vorbeugt. Dadurch werden Viren und Bakterien abgetötet, es entstehen keine Nierensteine. Außerdem wirkt die Preiselbeere anregend auf die Magensäfte, und als Saft löscht sie den Durst.

Preiselbeeren gefroren

4 Eigelb
150 g Honig
2 EL heißes Wasser
400 g Preiselbeeren

3 EL Honig
4 Eiweiß
250 g Sahne

Eigelbe mit Honig im heißen Wasserbad schaumig schlagen. Aus dem Wasserbad nehmen und abkühlen lassen. Preiselbeeren kurz kochen, vom Herd nehmen und mit Honig süßen. Die Hälfte der Preiselbeeren mit der Eigelbmasse verrühren, die andere Hälfte zum geschlagenen Eischnee geben. Sahne steif schlagen und zum Eischnee geben, alles miteinander vermengen und in eine Form füllen. 6 Stunden gefrieren lassen, ab und zu umrühren.

Preiselbeercreme

5 EL Preiselbeeren
125 ml Rotwein
100 g Honig

4 Blatt rote Gelatine
250 ml Sahne

Preiselbeeren, Rotwein und Honig verquirlen. Gelatine nach Vorschrift auflösen und einrühren. Flüssigkeit im Kühlschrank erstarren lassen und, sobald sie halb fest geworden ist, geschlagene Sahne unterheben. Abermals in den Kühlschrank stellen und fest werden lassen.
Anstelle des Rotweins kann auch Preiselbeersaft genommen werden.

Festliche Preiselbeer-Sahne-Torte

Wiener Boden:
50 g Butter
100 g Mehl
100 g Buchweizenmehl
4 Eier
200 g Honig
Salz

Mürbeteig:
60 g Butter
30 g Honig
1 Eigelb
100 g Mehl

Belag:
Kuvertüre oder Honig
400 g Preiselbeeren
150 g Honig
40 ml Milch
1 Msp. Vanille
3 Eigelb
60 g Honig
4 Blatt Gelatine
400 ml Sahne

Wiener Boden in einer Springform bei 170 Grad 25 Minuten, Buttermürbeteig bei 160 Grad 20 Minuten backen. Wiener Boden mit Kuvertüre oder Honig bestreichen, den einmal horizontal halbierten Mürbeteigboden darauf legen. Tortenring um die beiden Böden legen. Für das Kompott die Hälfte der Preiselbeeren kochen, vom Herd nehmen, restliche Beeren und Honig einrühren. Auf dem Wiener Boden verteilen, wenn das Kompott ausgekühlt ist. Milch und Vanille verrühren, im Wasserbad erhitzen und mit Eigelb abziehen, Honig hinzufügen. Eingeweichte Gelatine unterrühren, Sahne schlagen und unter die abgekühlte Creme rühren. Die Hälfte der Sahne auf dem Boden verteilen, den zweiten Boden darauf legen, mit der restlichen Sahne bestreichen. Einzelne Preiselbeeren auf der Torte verteilen.

Im Kühlschrank ca. 3 Stunden kühlen, eine halbe Stunde vor dem Verzehr herausnehmen.

Zitrone

Die Zitrone stammt wie die Orange aus China und kam von dort über Persien nach Europa. Ihr haben wir das Wort Limonade zu verdanken, denn häufig wurde die Zitrone Limone genannt, und ein Getränk aus Zitronensaft und Honig oder Zucker hieß Limonade. In Indien genießt man heute noch nach dem Aufstehen als sogenannte Morgenstärkung einen Trank aus zwei Eßlöffeln Zitronensaft, zwei Eßlöffeln Honig und drei Eßlöffeln Wasser.

Viele Legenden ranken sich um die Zitrone und ihre Wirkungen. Daß sich solche Legenden oftmals hartnäckig auch in unserer modernen Zeit halten, zeigt die Beilage von Zitrone zu Fisch. Man glaubte nämlich, daß eine Zitrone sogar eine verschluckte Gräte auflösen könnte. So wurde aus einer Legende eine allgemeine Tischsitte. Berühmt wurde die Zitrone – sehr viel früher als das gute alte Sauerkraut – als Mittel gegen Skorbut. Die Zitrone enthält darüber hinaus Stoffe, die Krebs hemmen, Halsschmerzen lindern und das Gewebe entwässern.

Reif ist die Zitrone, wenn ihre Schale anfängt zu glänzen. Da die bei uns auf dem Markt erhältlichen Zitronen jedoch mit Wachs überzogen werden, kann man das oft nicht erkennen. Es empfiehlt sich also, unbehandelte Zitronen zu kaufen.

Zitronenkuchen

200 g Mehl	3 Eier
150 g Butter	150 g Honig
100 g Honig	Saft und Schale von
1 Ei	2 unbehandelten Zitronen
Salz	150 g Süßrahmbutter

Mehl, Butter, Honig, Ei und Salz zu einem Teig verarbeiten und im Kühlschrank eine Stunde kalt stellen. Den Teig mit der Hand durchwalken, in eine Springform geben, flach andrücken, Rand hochziehen. Für die Füllung die restlichen Zutaten vermengen und auf dem Teig verteilen. Es empfiehlt sich, die Butter vorher zu schmelzen.

Wichtig ist die Zugabe von Süßrahmbutter, da Sauerrahmbutter bei der Verarbeitung mit Zitrone ausflockt.

Zitronenvinaigrette mit Honig

3 EL Zitronensaft

1 TL Senf

2 TL Honig

Salz, Pfeffer

180 ml Öl

Diese Vinaigrette paßt zu grünem Blattsalat.

Zitronendressing

1 TL Wasser

Salz, Pfeffer

1 Msp. geriebene Zitronenschale

2 TL Zitronenmelisse

60 ml frisch gepreßter Zitronensaft

2 TL Honig

120 ml Öl

Alle Zutaten sorgfältig vermengen. Zitronendressing ist säuerlich und paßt am besten zu gedünsteten Gemüsen wie Spargel, Broccoli oder Blumenkohl und Erbsen.

Schaumspeise mit Zitronen

3 unbehandelte Zitronen

6 Blatt helle Gelatine

4 Eigelb

125 g Honig

Mark einer halben Vanilleschote

125 ml Weißwein

250 ml Sahne

Eine Zitrone auspressen, die zweite Zitrone waschen, abschälen, Fruchtstücke ganz fein würfeln, die dritte Zitrone waschen und ins Gefrierfach legen. Gelatine einweichen. Eigelb mit Honig und Vanillemark schaumig rühren. Etwas Weißwein erwärmen, die abgetropfte Gelatine darin auflösen. Eßlöffelweise in die Eiercreme rühren. Den restlichen Wein, Zitronensaft und Zitronenwürfel dazugeben, im Kühlschrank etwas fest werden lassen. Sahne steif schlagen und unter die restliche Masse ziehen, 2 Stunden im Kühlschrank kühlen. Eingefrorene Zitrone hauchdünn in Scheiben schneiden, Creme damit garnieren.

Schalenobst

Unter Schalenobst verstehen wir die verschiedensten Nußarten, also unsere heimischen Walnüsse, Haselnüsse, Mandel und Kastanie, aber auch die Erdnuß bzw. Kokosnuß. Walnußbäume beispielsweise können ein sehr hohes Alter erreichen. Es gibt Bäume, die 1000 Jahre alt wurden. Als Volksheilmittel verwendet man von altersher die Blätter und die Schalen.

Die Früchte sind besonders für die Ernährung wichtig. Gerade die wachsende Zahl der Vegetarier wird die Nüsse in ihre Ernährung einbauen, denn diese haben einen hohen Nähr- und Sättigungswert und enthalten 710 kcal pro 100 Gramm. Der hohe Anteil an Mineralstoffen ist auch wichtig für Kinder und deren Wachsttum und für die Erwachsenen zur Kräftigung des Nervensystems. Außerdem enthalten Nüsse chemische Stoffe, die bei Tieren Krebs vorbeugen. Zudem senken einige Nüsse täglich in der Nahrung das Blutcholesterin und den Blutzucker.

Da Nüsse sehr viel Öl enthalten, werden sie, nachdem sie der Schale entnommen wurden, schnell ranzig und werden daher in handelsüblichen Verfahren konserviert. Oder der Geschmack wird mithilfe von Pilzen, die nußähnlich schmecken, verbessert. Wer sich davor schützen will, knackt die Nüsse frisch oder kauft im Reformhaus nachgewiesen unbehandelte.

Haselnüsse gelten als Nahrung für die Nerven, gut für die Bildung der Blutzellen, und die Gerbstoffe regen die Haut- und Darmfunktion an.

Die Mandel gilt als Kraftquelle, insbesondere für Schwangere und Stillende, denn einige Enzyme der Mandel haben Hormoncharakter.

Die Walnuß ist reich an Zink (Haar- und Leberschutz) und ihr Öl beugt der Arteriosklerose vor.

Erdnüsse sind bekannt wegen ihrer blutstillenden Wirkung und Erdnußöl regt den Stoffwechsel an.

Dem Öl der Kokosnuß werden antibakterielle und pilzhemmende Wirkung nachgesagt. Allerdings enthält das Öl viele hochgesättigte Fettsäuren.

Haselnußkranz

Teig:
300 g Mehl
2 gestr. TL Backpulver
100 g Honig
1 Msp. Vanille
1 Ei
2 EL Milch
125 g Butter

Belag:
200 g gemahlene Nüsse (Hasel- oder Walnüsse)
100 g Honig
4 Tropfen Bittermandelöl
1/2 Eigelb
1 Eiweiß
5 EL Sahne
Zimt, Vanille
1/2 Eigelb
1 EL Sahne

Teig bereiten, im Kühlschrank eine Stunde ruhen lassen, dann auf einer bemehlten Arbeitsfläche ausrollen. Aus Nüssen, Honig, Bittermandelöl, Ei, Sahne und Gewürzen eine streichfähige Masse rühren und auf dem Teig verteilen. Zusammenrollen, auf ein gefettetes Backblech geben. Eigelb und Sahne mischen. Rolle bestreichen und bei 180 Grad 50 Minuten backen.

Kokoskugeln

100 g sehr fester Honig
150 g Kokosflocken

2 EL Sahne
50 g Kokosflocken

Honig mit Kokosflocken und Sahne verkneten. Kugeln formen, in Kokosflocken wenden.

Honigmarzipan

100 g Mandeln
2 TL Honig
1/2 TL Rosenwasser

Mandeln abziehen und mahlen, mit Honig und Rosenwasser vermengen, 1 cm hoch auf ein Marmorbrett streichen. Im Kühlschrank kühlen, Streifen abschneiden.

Marzipankonfekt

150 g Honigmarzipan   *100 g Haselnüsse*
100 g gehackte getrocknete Datteln   *50 g Kokosflocken*

Alle Zutaten vermengen, zu Kugeln formen. Im Kühlschrank abkühlen lassen und in Kokosflocken wenden.

Haselnuß-Brotaufstrich

200 g Haselnüsse   *1/2 TL Zimt*
3 TL Kakao oder Carob   *60 g Honig*
1/2 TL Vanille   *5 EL Wasser*

Haselnüsse fein mahlen, mit den restlichen Zutaten vermengen und im Kühlschrank aufbewahren.

Getreide

Weltweit wird heute der Energiebedarf der Menschen zu 55 Prozent aus Getreideerzeugnissen gedeckt, zu 20 Prozent durch Obst und Gemüse und zu 15-20 Prozent aus sog. Veredlungsprodukten, also Produkten tierischen Ursprungs. Zwar wird in den reichen Industrieländern ein großer Teil der erzeugten Getreideprodukte an Tiere verfüttert, um Fleisch zu produzieren, doch ein Speisezettel ohne irgendein Lebensmittel aus Getreideerzeugnissen ist kaum vorstellbar. Die Getreidesorten eröffnen viele Zubereitungsmöglichkeiten, die Lagerung von Schrot und Korn ist relativ unproblematisch. Allerdings wird, wenn das Korn vermahlen ist, sofort ein Prozeß der Oxydation in Gang gesetzt, d. h., das Innere des Kornes, Stärkekern und Keimling, kommt mit Luft in Verbindung. Deshalb sind Vollkornmehle nur begrenzt haltbar. Es ist am besten, wenn das Korn frisch vermahlen wird. Dann ist es der wertvolle Eiweiß-, Energie- und Vitaminlieferant, den wir für unsere Ernährung in Form von Brot, Gebäck und Kuchen so schätzen.

Buchweizen

Buchweizen gehört wie Sauerampfer und Rhabarber zu den Knöterichgewächsen und gewinnt in der Vollwerternährung an Bedeutung, denn die Früchte sind wie Getreidekörner zu verwenden. Vermutlich stammt der Buchweizen ursprünglich aus China. In Mitteleuropa wurde er erst im Mittelalter als Kulturpflanze angebaut.
Auf dem Markt sind Buchweizenfrüchte in gerösteter und ungerösteter Form, wobei letztere leicht bitter schmecken. Buchweizen ist besonders wichtig für Menschen, die auf eine glutenfreie Kost achten müssen, denn mit Buchweizen können herkömmliche Gerichte hergestellt werden, wenngleich der kräftige Eigengeschmack nicht jedermanns Sache ist. So kann man mit kräftig würzenden Kräutern oder in Kombination mit anderen Körnerfrüchten ein schmackhaftes Gericht herstellen.

Buchweizen enthält vor allem Vitamin B$_3$, viel Kalzium, Kalium und Phosphor. Buchweizen ist sehr reich an Ölen, was zur leichten Verdaulichkeit beiträgt. Diese Öle sind zu 70 % ungesättigt.

Kleine Buchweizenpfannkuchen

2 EL Buchweizen
1 Ei
125 ml Milch
1 Apfel

1 EL Honig
1 EL geriebene Zitronenschale
Öl

Buchweizen mahlen, mit Ei und Milch vermengen und zum Quellen 15 Minuten stehenlassen. Apfel raspeln, zum Buchweizen geben, Honig und Zitronenschale hinzufügen und in Öl backen.
Dazu paßt gut Hagebuttenmus oder Johannisbeermarmelade.

Buchweizen mit Sellerie

80 g Buchweizen
1 Apfel
1 Sellerieknolle
1 Möhre

4 EL Öl
1 TL Honig
Saft einer Orange
Petersilie, Salz

Buchweizen einweichen (1 Std.), abspülen und abtropfen. Gemüse und Apfel waschen und schälen, in feine Stifte schneiden. Aus Öl, Honig, Orangensaft, Petersilie und Salz ein Dressing bereiten und mit den Gemüsen vermengen. Den Buchweizen in einer Pfanne ohne Fett kurz anrösten, warm über den Salat streuen und sofort servieren.

Buchweizensalat süßlich

200 g Buchweizen
1/2 l Gemüsebrühe
4 EL Essig
1 TL Honig
Salz, Pfeffer
1 EL Senf

4 EL Öl
3 EL Rosinen
3 Möhren
1 Apfel
1 Zwiebel

Buchweizen mit kochendem Wasser überbrühen, in Gemüsebrühe bißfest kochen. Abschütten und abtropfen lassen. Aus den anderen Zutaten ein Dressing bereiten, Rosinen, geriebene Möhren, Apfel und die in Scheiben geschnittene Zwiebel unterheben, zum Schluß den Buchweizen mit einrühren. Eine halbe Stunde stehenlassen, dann servieren.

Buchweizennudeln

100 g Buchweizenmehl
100 g Mehl
1 Ei
2 Eigelb

Salz
4 EL Weißwein
1 TL Honig

Aus den Zutaten einen glatten Teig bereiten, kühl stellen, dünn ausrollen. Ausgerollten Teig mit Mehl bestäuben, zusammenrollen. Von der Rolle gleichmäßige Scheiben abschneiden. Die Nudeln sofort auseinanderrollen und antrocknen lassen. Reichlich Salzwasser zum Kochen bringen, einen Schuß Öl hinzugeben, Nudeln bißfest kochen.
Dazu Tomatensauce und Salat.

Gerste

Der Überlieferung nach wird Gerste seit 6000 Jahren als Nahrungsmittel gepriesen, das Kraft und Stärke gibt. Römische Gladiatoren aßen das Korn der Gerste, um stärker zu werden. Eine beliebte Speise war ein Brei aus Milch, Gerste und Honig. In Gegenden, in denen Gerste häufig verzehrt wird, sind Herzkrankheiten selten, so daß für Gerste wie für Hafer gilt: Sie sind Arznei fürs Herz. Gerste ist reich an Vitamin B_3, das an der Umwandlung von Fetten, Kohlenhydraten und Eiweißen zu Energie beteiligt ist. Dennoch wird die Gerste heute nicht häufig in der menschlichen Ernährung verwendet; die größte Menge wird an Schweine verfüttert, ein Teil der Sommergerste zum Bierbrauen verwendet.

Der therapeutische Nutzen von Gerste liegt darin, daß der Cholesterinspiegel im Blut gesenkt werden kann. In den USA ist ein Medikament auf dem Markt, das aus Gerste gewonnen wird und die Cholesterinproduktion in der Leber stört. Weiter hemmt Gerste möglicherweise Krebs, verbessert die Darmfunktion und lindert Verstopfung. Gerste ist reich an Kalium, das gemeinsam mit Chlor und Natrium den Wasserhaushalt reguliert. Gemahlene Gerste neigt sehr schnell dazu, ranzig zu werden, daher immer frisch mahlen.

Graupensuppe

1 Knoblauchzehe	*2 Zwiebeln*
1 TL Olivenöl	*1 EL Crème fraîche*
50 g Graupen aus Gerste	*1 TL Honig*
1 TL Oregano	*Salz, Pfeffer*
1/2 l Gemüsebrühe	*Parmesan*
300 g Tomaten	

Knoblauch hacken, in Öl dünsten. Graupen waschen, mit Oregano zum Knoblauch geben. 2 Minuten anbraten. Mit Brühe auffüllen und aufkochen, 25 Minuten köcheln lassen. Tomaten blanchieren, pellen und würfeln. Zwiebeln schälen und hacken. Zwiebeln und Tomaten zur Brühe geben und kurz mitkochen, dann vom Herd nehmen und die mit Salz, Pfeffer und Honig verrührte Crème fraîche unterheben. Mit Parmesan bestreuen.

Fladenbrot

250 g Gerstenmehl
1 EL Honig
Salz
2 TL Backpulver

235 ml unverdünnte
Kondensmilch (10%)
2 EL Pflanzenöl
Sesam

Mehl, Honig, Salz und Backpulver in einer Schüssel mischen, mit dem Knethaken des Handrührgerätes verrühren. Nach und nach Milch und Öl hinzugeben. Teig zu einem Fladen formen (fingerdick) und auf einem gefetteten Backblech bei 230 Grad 10 Minuten backen. Bei Bedarf vorher mit Sesam bestreuen.

Gerstenmuffins

200 g Butter
150 g Honig
1 Msp Vanille
3 Eier

100 g Gerstenmehl
100 g Speisestärke
1 Msp. Backpulver

Butter, Honig und Vanille schaumig schlagen, Eier nach und nach unterrühren. Mehl, Speisestärke und Backpulver mischen, darübersieben, zu einem Teig rühren. In gefettete Muffinformen füllen.
Gegessen werden Muffins aufgeschnitten mit Butter und Honig. In den Teig können Rosinen oder Schokoraspel gegeben werden oder kandierte Früchte.

Gerstenbrot mit Banane

350 g Gerstenmehl	*2 große Eier*
Salz	*3 reife Bananen*
3 TL Backpulver	*1/2 TL geriebene Schale*
200 g Honig	*einer unbehandelten Zitrone*
8 EL Öl	*1 TL Zitronensaft*

Backofen auf 180 Grad vorheizen. Mehl, Salz und Backpulver mischen. Honig mit Öl und Eiern rühren, pürierte Bananen, Zitronenschale und Zitronensaft hinzufügen. Dann die trockenen Zutaten unterrühren und 2 Laibe formen. 35 Minuten backen.

Hafer

Hafer ist, pflanzenhistorisch betrachtet, wie der Roggen eine sekundäre Kulturpflanze, d.h. er wurde als Ungras in Weizen- und Gerstenbeständen verbreitet. Heute unterscheidet man ungefähr 30 verschiedene Haferarten. Auch Hafer wird häufig zur Tierfütterung eingesetzt, vornehmlich für Pferde ist er das klassische Futter. Hafer hat eine ganz besondere Eigenschaft; sein Fettgehalt ist mit 5–7% sehr hoch. Dennoch entsprechen die im Hafer enthaltenen Eiweiße der Menge der in anderen Getreidearten enthaltenen Eiweiße. Auch der Gehalt an Ballaststoffen ist relativ hoch im Vergleich mit anderen Sorten. Dagegen hat Hafer weniger Kohlenhydrate.

Hafer ist besonders bekömmlich und wird häufig in der Babynahrung verwendet. Überliefert ist, daß Hafer die Nerven und die Gebärmutter stärkt. Diese nervenstärkende Wirkung haben sich die Homöopathen zunutze gemacht. So gibt es Avena sativa in Tropfenform in der Apotheke zu kaufen, eine Medizin, die in anstrengenden Zeiten oder vor Prüfungen wirkt.

Hafer ist zudem ein Stärkungsmittel für Herz und Blut. Er senkt den Blutcholesterinspiegel, reguliert den Blutzucker und bekämpft Hautentzündungen.

Außerdem wirkt Hafer als Abführmittel. 40 Gramm Haferkleie oder 80 Gramm Hafermehl täglich reichen aus, wobei Hafermehl bevorzugt werden sollte. Man kann natürlich auch Haferflocken verwenden.

Osloer Frühstück

100 g Haferflocken   1 Möhre
100 ml Milch   1 EL Honig

Haferflocken und Milch verrühren, über Nacht einweichen. Am Morgen den Brei erwärmen. Feingeriebene Möhre hinzufügen, mit Honig süßen.

Haferjoghurt

1 Becher Joghurt   1 EL Honig
2 EL Hafer   1 EL Früchte nach Wahl

Joghurt und Hafer vermengen, ziehen lassen. Mit Honig süßen, kleingeschnittene Früchte hinzugeben.
Bei Verdauungsschwierigkeiten die Haferflocken durch Haferkleie ersetzen, evtl. gemischt mit Weizenkleie.

Haferflockenplätzchen

125 g Haferflocken   3 Tropfen Bittermandelöl
75 g Butter   50 g Weizenmehl
50 g Honig   1 gestr. TL Backpulver
1 Ei

Haferflocken in zerlassener Butter bräunen. Honig und Ei schaumig schlagen, Bittermandelöl, Weizenmehl und Backpulver hinzugeben. Haferflocken unterheben. Walnußgroße Häufchen auf ein Blech setzen und bei 200 Grad 12 Minuten backen. Genügend Zwischenraum lassen.

Hafermilch

1 EL gemahlener Hafer	1 weiche Banane
1/4 l Milch	1 TL Zitronensaft
1 TL Honig	1 Prise Zimt

Hafer mit Milch erwärmen, bei 40 Grad mit Honig ziehen lassen. Die restlichen Zutaten hinzufügen, pürieren und im Kühlschrank abkühlen lassen.
In kleinen Schlucken trinken.

Hafersuppe

50 g Hafer geschrotet	50 g Crème fraîche
3/4 l Gemüsebrühe	20 g Butter
50 g gemischte Kräuter	1 TL Honig
1/8 l Milch	Salz, Pfeffer

Hafer in einem Topf kurz rösten, Brühe hinzugießen und kurz aufkochen, 20 Minuten köcheln lassen und immer wieder umrühren. Gehackte Kräuter mit Milch, Crème fraîche, Butter, Honig, Salz und Pfeffer vermengen, zum Hafer geben.
Nochmals erwärmen, aber nicht mehr kochen.
Sofort servieren.

Haferflockenwaffeln

250 g Haferflocken	70 g Butter
250 ml Wasser	100 g saure Sahne
2 Eier	Salz, Vanille
70 g Honig	

Haferflocken in Wasser eine Stunde einweichen, mit den restlichen Zutaten vermengen. Im Waffeleisen backen.

Hirse

Die Hirse war neben Weizen und Gerste das Nahrungsmittel, das für die Menschen weit vor Christi Geburt von großer Bedeutung war. Hirse hat die Eigenschaft, auch noch auf Ackerflächen zu wachsen, die für die anderen Getreide nicht mehr ertragversprechend sind. Vermutlich gelangte die Hirse über Griechenland nach Mitteleuropa, denn dort war sie schon vor 8000 Jahren bekannt. Zwar ist Hirse auf unserem Speisezettel kaum zu finden, doch hat sie durchaus ihre Vorteile, die wir für uns nutzen können. Sie ist sehr gut lagerfähig und hat einen angenehmen Eigengeschmack. Sie ist glutenfrei und daher in der Regel leicht bekömmlich. Der hohe Gehalt an Eisen sorgt für eine gute Blutbildung. Die große Anzahl an Vitaminen der B-Gruppe macht die Hirse zu einer wichtigen Ergänzung in unserer Ernährung.

Hirsegebäck

250 g Hirse
250 g Butter
2 Eier
3 EL Honig

1 EL Rum
2 EL Vollkornmehl
2 EL Rosinen
1 Päckchen runde Oblaten

Hirse sehr fein mahlen. Butter, Eier, Honig und Rum schaumig rühren. Mehl und Rosinen unterrühren, auf Oblaten verteilen. Bei 175 Grad 10 Minuten backen.

Hirsepudding

1/2 l Milch
30 g Butter
150 g Hirse
50 g Honig
3 Eigelb

30 g gehackte Mandeln
50 g Rosinen
1 EL Zitronensaft
3 Eiweiß

Milch mit Butter aufkochen, Hirse hinzugeben. 20 Minuten quellen lassen. Honig und Eigelb schaumig rühren, mit Mandeln, Rosinen und Zitronensaft unter die abgekühlte Hirse geben. Eiweiß zu Schnee schlagen und unter den Pudding heben.
Dazu frisches Obst reichen, wie Pflaumen oder Aprikosen.

Flambierte Hirsecrêpes

1/4 l Milch
100 g Hirse
2 EL Sojamehl
3 Eier
100 ml Sahne

1 EL Honig
2 Msp. Vanillepulver
3 EL Rum
1 EL Honig

Hirse in Milch kurz aufkochen, 1 Stunde quellen lassen. Mit allen anderen Zutaten pürieren. In einer Pfanne mit Butter den Teig zu Crêpes backen. Warm stellen, bis alle fertig sind. Rum etwas erwärmen, mit Honig süßen. Diese Mischung über die aufgetürmten Crêpes geben und anzünden.

Hirsesalat mit Tofu

150 g Hirse
350 ml Gemüsebrühe
100 g Tofu
1 Knoblauchzehe
1 EL Essig
3 Stangen Staudensellerie

1 Möhre
1 Orange
2 EL Öl
Saft einer Zitrone
2 TL Honig
Salz, Pfeffer

Hirse mit Gemüsebrühe kurz aufkochen und quellen lassen. Tofu mit einer Knoblauchzehe einreiben, würfeln, mit Essig beträufeln. Gemüse putzen und kleinschneiden. Hirse mit den Gemüsen vermengen, Tofu darauf legen. Aus den restlichen Zutaten ein Dressing bereiten und über den Salat geben.

Mais

Der Mais war schon bei den Mayas bekannt. Er diente den Indianerstämmen von Peru bis Nordamerika als Hauptnahrungsmittel. Nach der Pionierzeit wurde er zum Viehfutter degradiert. Als Welschkorn pflanzten dann die Venezianer den Mais im 18. Jahrhundert im Nahen Osten, der dort den Namen türkischer Weizen erhielt.

Der Maiskolben bzw. seine Körner enthalten Öle, Harze, Gerb- und Bitterstoffe, Saponine, Zucker und Spurenelemente. Maiskeimöl enthält Linolsäure, Linolensäure, Vitamin E und steht in dem Ruf, das Blutcholesterin zu senken. Allerdings wird Maiskeimöl in dieser Hinsicht von gutem Olivenöl übertroffen. Mais ist ein sehr energiereiches Getreide. Der Süßmais wird bei uns im Sommer und Herbst als Gemüse angeboten, Maisgrieß, Maismehl und Maisstärke finden in Backwaren Verwendung. Mais enthält sog. Proteasehemmstoffe, die den Ruf genießen, krebshemmend zu sein. Zumindest ist das bei Versuchstieren so. In der amerikanischen Volksmedizin ist Mais als leichtes Stimulans bekannt, und ihm werden entwässernde Eigenschaften nachgesagt.

Polentaschnitten

1 l Wasser
350 g Maisgrieß

125 g Butter
1 EL Honig

Wasser zum Kochen bringen, Maisgrieß unter ständigem Rühren hineinrieseln lassen und mit 50 Gramm Butter 15 Minuten weiterrühren. Honig hinzugeben. Brei auf eine nasse Arbeitsfläche etwa 3 cm hoch streichen, abkühlen lassen. In Streifen oder Rauten schneiden, in der restlichen Butter backen. Dazu Joghurt mit Früchten.

Gegarte Maiskolben

3 Maiskolben
3 TL Butter

2 TL Honig
Salz

Maiskolben putzen, waschen und in Salzwasser kochen. Butter schmelzen, Honig einrühren, mit Salz abschmecken. Als Vorspeise die Maiskolben, mit Honigbutter übergossen, auf kleinen flachen Tellern servieren.

Maisauflauf

4 frische Maiskolben
300 ml Milch
1 TL Butter

2 TL Honig
Früchte oder Gemüse

Mais schälen und waschen, Körnerreihen ausschaben. Dazu Kolben der Länge nach in der Mitte einschneiden, mit einem Messerrücken von oben nach unten über die Körnerreihen fahren. Dieses Mark mit Milch und Butter in einem Topf zugedeckt bei milder Hitze köcheln lassen. Honig hineinrühren. In eine gefettete Auflaufform Früchte (Äpfel mit Honig und Zimt) oder dünn geraspeltes Gemüse (Paprika mit Chili, Zwiebeln und Petersilie) geben, Mais darauf verteilen und bei 220 Grad 30 Minuten backen.

Maisgnocchi

150 g Maisgrieß
2 Eier
1/2 l Milch
100 g Butter

100 ml Sahne
2 TL Honig
Rosinen

Grieß und Eier im Topf vermischen, nach und nach Milch dazugeben, ganz langsam erhitzen, 50 g Butter einrühren. Wenn die Masse beginnt, fest zu werden, alles auf eine Platte geben. Mit Butter bestreichen, damit sich keine Haut bildet. Abkühlen lassen. Eine Auflaufform fetten, mit einem Löffel Gnocchi abstechen und in die Form setzen. Sahne mit der zerlassenen restlichen Butter verrühren, mit Honig süßen. Einige Rosinen über die Gnocchi geben, mit der Sahne aufgießen. Im Backofen bei 200 Grad goldbraun backen.
Die Gnocchi können auch mit Käse überbacken werden, dann weniger süßen und die Rosinen durch Tomaten austauschen.

Reis

Neben Weizen spielt Reis in der Ernährung der Weltbevölkerung die wichtigste Rolle. Er ist in vielen Ländern des Fernen Ostens Grundlage der Ernährung und liefert wertvolle Kohlenhydrate, wenngleich der Gehalt an Eiweißen geringer ist als der anderer Getreidesorten.
Reis enthält viel Folsäure, die mit den B-Vitaminen in Wechselwirkung steht. Folsäure ist beteiligt an der Umwandlung von Proteinen in Aminosäuren und am Aufbau der DNA. Deshalb ist Reis ein sehr wichtiges Nahrungsmittel zu Beginn einer Schwangerschaft.
Reis ist leicht verdaulich und ideal für Menschen, die zu Durchfall neigen. In Indien wird das Reiswasser außerdem als linderndes Getränk bei Fieber, Entzündungen und ähnlichen Beschwerden empfohlen, wobei dieses Wasser auch mit Honig gesüßt und mit Zitronensaft gesäuert werden kann. Weiter hat Reis den therapeutischen Nutzen, daß er Nierensteinen vorbeugt, Schuppenflechte bessert

und den Blutdruck senkt. Er hat chemische Stoffe, die krebsvorbeugend wirken. In Ländern, in denen vorwiegend Reis gegessen wird, sind Erkrankungen der Leber fast unbekannt.

Reis hat in der deutschen Küche seine Stellung stabilisieren können. Haben Sie keine Angst davor, Reis zu kochen, weil er ansetzen könnte. Wer dem Reis die doppelte Menge Flüssigkeit hinzufügt, auf höchster Stufe zunächst zum Kochen bringt, dann jedoch die Wärmezufuhr verringert und den Reis in 40 Minuten gar ziehen läßt, dem kann nichts passieren. Wichtig ist allerdings, daß Sie während der gesamten Zeit nicht umrühren, denn dann wird das Korn beschädigt. Stärke tritt aus, die sehr schnell anbrennt. Langkornreis benötigt zum Garwerden etwas länger und etwas mehr Flüssigkeit.

Wie bei Mehl und Zucker gilt auch bei Reis: Er sollte möglichst naturbelassen sein. Polierter Reis enthält weder die Randschicht noch den Keimling und liefert nur tote Kalorien, die Vitamine aufzehren. Einen gewissen Anteil an Vitaminen enthält noch der sogenannte parboiled Reis.

Süße Reisgrütze

200 ml Schlagsahne
200 ml Rotwein
40 g Milchreis

2 Eigelb
50 g Honig
50 g weiche Butter

Schlagsahne und Rotwein zum Kochen bringen, Milchreis einrühren und 30 Minuten quellen lassen. Eigelb mit Honig schaumig schlagen, Butter einrühren und unter den Reis ziehen.

Dazu serviert man Kirschen oder Zimtbirnen.

Reistopf mit Krabben

50 g Butter
250 g Vollkornreis
50 g Rosinen
1/2 l Gemüsebrühe
500 g Tomaten
1 Zwiebel

2 EL Butter
250 ml Weißwein
1 TL Honig
Salz, Pfeffer
500 g Krabben

Butter in einem großen Topf zerlassen, Reis hinzufügen und kurz rösten, Rosinen dazugeben, mit Brühe aufgießen. 40 Minuten ziehen lassen. Die blanchierten Tomaten pellen, würfeln und mit Zwiebeln und Butter dünsten, mit Weißwein ablöschen, nach 5 Minuten unter den Reis heben. Mit Honig, Salz und Pfeffer abschmecken, Krabben unterheben.

Reissalat mit Hähnchenbrust

150 g Vollkornreis
50 g wilder Reis
2 Hähnchenbrüste
20 g Butter
6 Orangen

1 großer Apfel
1 Kopfsalat
5 EL Essig
4 EL Honig
4 EL Öl

Reis in leicht gesalzenem Wasser garen, abkühlen lassen. Hähnchenbrüste in der Butter braten. Abkühlen lassen. Orange schälen und zerteilen, Apfel entkernen und in Stifte schneiden, Salat putzen und in einer Schale anrichten. Orange, Reis und Apfel darauf legen. Aus den restlichen Zutaten eine Marinade bereiten und unterheben. Hähnchenbrüste in Streifen schneiden und darauf verteilen.

Reisbrei

250 g Rundkornreis
1 l Milch
20 g Honig
eine Prise Salz

1 EL Butter
1 TL Zimt
1 EL Honig

Reis in Milch zum Kochen bringen, quellen lassen. Mit Honig und Salz abschmecken, wenn der Reis etwas abgekühlt ist. Butter erwärmen, Honig und Zimt hineinrühren und über den warmen Reisbrei gießen.
Sofort servieren.

Curry-Reis-Salat

200 g Vollkornreis
3 EL Rosinen
200 g Sellerie
1 EL Honig
Salz, Pfeffer

1 EL Currypulver
5 EL Öl
2 EL Zitronensaft
5 EL Apfelsaft

Reis kochen, quellen lassen und abkühlen. Rosinen mit geschältem und geriebenem Sellerie in eine Schüssel geben, mit Reis vermengen. Aus den restlichen Zutaten eine Marinade bereiten und alles verrühren. Eine halbe Stunde ziehen lassen.

Roggen

Roggen wurde als sekundäre Kulturpflanze (siehe Hafer) zunächst als Ungras in Pflanzenbeständen verbreitet. Als der Weizenanbau in Gebiete vordrang, die wegen ihrer Klima- und Bodenbedingungen weniger günstig waren, erwies sich der Roggen als leistungsfähig und anspruchslos und wurde züchterisch weiterbearbeitet. Roggen ist das klassische Brot-, aber auch Futtergetreide. Er enthält Schleimstoffe (pektinartige Verbindungen), deren Quellvermögen die Teigbildung beeinflußt und im Backvorgang zur Strukturierung des Brotes führt. Neben Weizen ist Roggen die einzige Getreideart, die sich zur Herstellung eines Sauerteigs eignet.

Roggen ist reich an Vitaminen der B-Gruppe, die als Hauptfunktion das Aufbrechen der Kohlenhydrate in einfache Zucker haben. B-Vitamine sind wichtig für Haare, Haut, Augen und Leber. Neben den genannten Vitaminen enthält Roggen Kalium (Bestandteil von Zellen und Blutserum) und Phosphor (Zahn- und Knochenaufbau).

Roggenplätzchen

125 g Butter	*1 Prise Salz*
500 g Roggenmehl	*2 TL Honig*
1/8 l Milch	

Butter rühren, die andern Zutaten hinzugeben. Teig kneten, bis er glänzend aussieht. Dünn ausrollen und in Streifen schneiden. Streifen auf dem Backblech 8 Minuten bei 220 Grad backen.

Roggenplätzchen werden wie Knäckebrot gegessen.

Roggenbrot

2 1/2 kg Roggenmehl   2 EL Sauerteig
1 EL Kümmel   1 EL Honig
1 l kochendes Wasser   1 TL Salz
10 g Hefe

Mehl mit Kümmel vermischen, in der Mitte mit kochendem Wasser einen Brei anrühren. Nach und nach ganz durchkneten. Den gebrühten Teig abkühlen lassen. Hefe mit lauwarmem Wasser anrühren, Sauerteig, Honig und Salz hinzugeben und nochmals durchkneten. Teig einen Tag in einem bemehlten Tuch ruhen lassen. Dann auf ein Blech setzen, mit Wasser bestreichen und mit der Gabel mehrmals einstechen. 1 Tasse heißes Wasser auf den Boden des Backofens stellen. 10 Minuten bei 250 Grad, 40 Minuten bei 200 Grad und 10 Minuten ohne Hitzezufuhr backen.
Dieses Brot hält sich besonders lange frisch und sollte erst am dritten Tag nach dem Backen angeschnitten werden.

Weizen

Der Weizen hat nicht mehr Inhaltstoffe als seine anderen Verwandten und ist doch das am meisten verwendete Getreide. Das ist zurückzuführen auf seinen hohen Anteil an Gluten, das die hohe Backfähigkeit ausmacht. Kein Gluten enthalten Mais, Reis, Hirse, Soja und Buchweizen.
Bei der Herstellung des herkömmlichen Mehls wird das Korn zunächst geschält. Ballaststoffe und die vitaminreichen Randschichten gehen verloren. Auch der Keimling, der fetthaltig ist, wird entfernt. Denn durch einen hohen Fettgehalt würde das Mehl bald ranzig werden. Dabei ist gerade der Keimling für unsere Ernährung wichtig, denn seine Nährstoffe schützen des Herz und die Blutgefäße, helfen gegen Arterienverkalkung und aktivieren das Gehirn.
Die Verdauung von isolierten Stoffen – das zeigt sich bei Mehl ebenso wie bei Zucker – entzieht dem Körper jedoch Vitamine. Verwenden Sie deshalb ein Mehl

einer höheren Type, d.h. mit höherem Anteil an Schalenbestandteilen. Das übliche Haushaltsmehl der Type 405 sollte man meiden, denn es enthält kaum Schalenbestandteile, nichts vom Keimling und ist deshalb fast weiß. Es gibt im Handel noch die Mehlsorten Type 550, Type 1050 und Type 1600. Am besten, man probiert selbst aus, welche Mehlsorte man verwenden möchte. Oftmals bieten Reformhäuser das Mahlen der Getreide an. Für alle Vollkornmehle gilt: Es wird mehr Flüssigkeit benötigt. Die Schalenbestandteile quellen stark auf, und ein Kuchen mit wenig Flüssigkeit wird schnell zu trocken. Es ist darüber hinaus immer ratsam, Vollkornteige zum Quellen stehen zu lassen. Das hat außerdem den Vorteil, daß die Enzyme des Honigs, die bei der Hitze des Backvorganges zum großen Teil verloren gehen, noch vor dem Backen wirken können.

Weizen kann auch als Alternative zu Kartoffeln, Reis oder Nudeln verwendet werden. Dazu weicht man die Weizenkörner 6 bis 12 Stunden ein, bevor sie gekocht werden. Gegessen werden sie mit zerlassener Butter oder als Getreidebratlinge. Eine Alternative zu Weizen ist Dinkel, eine alte Weizensorte, die in vollwertigen Gerichten an Bedeutung zunimmt. Dinkel eignet sich gut zum Backen. Allerdings findet man keine Dinkelmehle im Handel, nur ganze Körner. Unreifer Dinkel, der Grünkern, wird nach dem Dreschen gedarrt, also bei 120 Grad gedörrt. Er erhält so seinen typischen Geschmack. Dinkel und Grünkern sind in der Vollwertkost von Bedeutung, denn sie enthalten viel hochwertiges Eiweiß und Mineralstoffe. Sie schmecken nicht so süßlich wie Weizen und eignen sich für Bratlinge und andere pikante Gerichte.

Ein Wort zur Heilkraft von Weizen: Weizenkeimlinge sind reich an Vitaminen und essentiellen Fettsäuren. Die Kleie des Weizens lindert Verstopfung, beugt Krampfadern vor, verbessert die Darmfunktion allgemein und wird in Verbindung gebracht mit einer Verringerung des Risikos von Dickdarmkrebs. Dennoch ist die Weizenkleie ein isoliertes Produkt des Weizenkorns. Deshalb ist in der Regel der Genuß des vollen Kornes dem der Kleie vorzuziehen. Auch Vollkornbrote haben schließlich abführende Wirkung.

Buchteln

500 g Weizenmehl
30 g Hefe
1/4 l Milch
60 g Honig

80 g Butter
1 Ei
250 g Quark

Mehl in eine Schüssel geben, in die Mitte eine Vertiefung drücken und Hefe hineinbröseln. Milch erwärmen, Honig darin auflösen und auf die Hefe gießen. Zugedeckt gehen lassen. Butter und Ei in den Teig arbeiten, abermals aufgehen lassen. Den Teig vierteln, mit gesüßtem Quark und Rosinen oder Pflaumenmus füllen. In eine gefettete Form geben, nochmals aufgehen lassen. Dann mit Butter ausgiebig bestreichen und im Backofen bei 220 Grad ca. 30 Minuten backen.

Andere Füllungen: 500 g Äpfel
75 g Honig
Zimt

oder: 150 g Mohn
1/4 l Milch
1 TL Butter
4 EL Honig
Mohn mahlen und in Milch kochen.

Dazu paßt eine Honig- oder Weinschaumsauce. Buchteln können auch ohne Füllung in die Größe von Muffins aufgeteilt und bei Tisch mit Butter und Marmelade gegessen werden.

Honiglebkuchen

2 EL Butter
250 g Honig
2 Eier
500 g Weizenmehl

1 TL Anis
1 TL Zimt
1 TL Speisesoda
1 Eigelb

In einem Topf Butter zerlassen, Honig einrühren. Eier hinzufügen. In einer Schüssel die trockenen Zutaten mit dem Buttergemisch verrühren, Teig 3 mm dick ausrollen, ausstechen. Mit Eigelb oder Honigwasser bestreichen und auf das gefettete Backblech verteilen. Bei 200 Grad im Backofen backen.

Weizenritter

1/4 l Milch
2 Eier
2 EL gemahlene Haselnüsse
1 Msp. Vanillemark

4 Scheiben Weizenvollkorntoast
Paniermehl
Butter, Zimt, Honig

Milch mit Eiern, Haselnüssen und Vanillemark verrühren, über die Brotscheiben gießen, panieren und in Butter backen. Butter, Zimt und Honig nach Belieben vorsichtig schmelzen und zu den Rittern reichen.

Biskuitrolle aus Weizenvollkornmehl

5 Eier
10 EL temperiertes Wasser
100 g Honig

200 g Weizenvollkornmehl
Füllung

Eier trennen, Eigelb mit Wasser schaumig schlagen, Honig langsam hinzugeben. Mit dem Mixer so lange rühren, bis die Masse cremig ist. Steif geschlagenen Eischnee und das Vollkornmehl auf die Eigelbmasse sieben und vorsichtig unterheben. Teig sofort auf ein mit Backpapier ausgelegtes Blech geben, bei 200 Grad backen. Nach dem Backen die Biskuitplatte vorsichtig auf ein feuchtes Geschirrtuch stürzen, Papier abziehen, mit dem Tuch aufrollen.
Als Füllung kommen Marmeladen, Früchte in Sahne, Quark und Nougatcreme in Frage.

Vollkornwaffeln

2 EL Honig
125 g weiche Butter
1 Msp. gemahlene Vanille
2 Eier

150 ml warmes Wasser
200 g Weizenmehl
1 gestr. TL Backpulver
50 g kernige Haferflocken

Honig, Butter, Vanille, Eier und Wasser gut verrühren. Mehl und Backpulver mit Haferflocken vermengen und zu den anderen Zutaten geben. Quellen lassen, im Waffeleisen backen.

Crêpes

1/2 Tasse Weizenvollkornmehl
1 Päckchen Vanillezucker
oder frische Vanille
1 Prise Salz

1/2 Tasse Milch
1 EL Wasser
1 TL Honig

Aus den Zutaten einen Teig bereiten und in einer Pfanne zu sehr dünnen Crêpes backen.
Dazu eine Quarkfüllung:

250 g Sahnequark
3 EL Honig

30 g Rosinen
evtl. zur Verfeinerung 1 Ei

Dinkeltaler mit Sonnenblumenkernen

250 g Dinkelmehl
1 TL Backpulver
1 Prise Salz
100 g Honig
150 g Butter

1 Ei oder 2 EL Sahne
125 g Butter
2 Msp. gemahlene Vanille
250 g Sonnenblumenkerne
3 EL Honig

Mehl, Backpulver, Salz, Honig, Butter und Ei zu einem Teig verarbeiten, dünn ausrollen und Plätzchen ausstechen. Butter mit Vanille erwärmen, Sonnenblumenkerne hinzugeben, zum Schluß den Honig. Masse auf die Plätzchen geben und glattstreichen. Im Backofen bei 200 Grad 10 Minuten backen.
Statt Sonnenblumenkernen können auch Haselnüsse genommen werden.

Dinkelsprossenmüsli

20 g Dinkel	50 g Nußkerne
10 g Sonnenblumenkerne	500 g Joghurt
2 Äpfel	1 EL Honig
1 Orange	125 g Sahne
2 Bananen	50 g Hafervollkornflocken

Dinkel und Sonnenblumenkerne 3 Tage keimen lassen, gut waschen. Äpfel waschen, entkernen, in Scheiben schneiden und in eine Schüssel legen. Orange auspressen, Saft mit den Apfelscheiben vermischen. Bananen schälen und in Scheiben zum Apfel geben. Nüsse in einer Pfanne ohne Fett rösten, hacken, unter das Obst mengen. Joghurt, Honig und Sahne verrühren, Keimlinge dazugeben, mit Früchten und Haferflocken mischen.

Grünkernbratlinge

200 g Grünkern	1 Apfel
2 Eier	Butter
1 Prise Zimt	2 TL Honig
1 Möhre	

Grünkern schroten und mit Eiern, Zimt, geraspelter Möhre und geraspeltem Apfel vermengen. In Butter backen und mit Honig bestreichen.
Sofort servieren.

Grünkernsalat mit roten Rüben

200 g Grünkernkörner
1/2 l Wasser
1 kg rote Rüben
250 g Joghurt

Salz, Pfeffer
2 TL Honig
1 Knoblauchzehe
2 EL Schnittlauch

Grünkern mit Wasser zugedeckt 1 Stunde im Topf garen. Rote Rüben waschen, schälen und sehr fein reiben. Aus Joghurt und den restlichen Zutaten ein Dressing bereiten. Die geraspelten roten Rüben, Grünkern und Dressing vermengen und etwas ziehen lassen.
Zu Pellkartoffeln reichen.

Dinkel-Himbeer-Dessert

100 g Dinkelkerne
1/2 l Wasser
150 ml süße Sahne
1 Msp. Vanille

1 EL Honig
250 g Himbeeren
1 EL gehackte Haselnüsse

Dinkel schroten, mit Wasser aufkochen. 10 Minuten garen und abkühlen lassen. 4 EL Sahne mit Vanille und Honig würzen, zum kalten Dinkel geben. Kalt stellen. Restliche Sahne schlagen. Himbeeren putzen, mit Dinkel vermischen. Sahne unterheben, mit Nüssen bestreuen.

Backtriebmittel

Wenn aus Getreide Kuchen oder Brot entstehen soll, gibt man zum Teig ein Backtriebmittel, damit er luftig wird. Einige Teige allerdings benötigen kein zusätzliches Triebmittel. So erhält der Biskuitteig seine Luftigkeit durch einen hohen Anteil an Eiern, die schaumig geschlagen werden. Durch tüchtiges Schlagen kann also einem Teig Luft zugeführt werden. Für schwere Teige, z. B. aus Vollkornmehl, reicht tüchtiges Schlagen jedoch nicht aus.

Backpulver

Backpulver ist wohl das gebräuchlichste aller Triebmittel. Es besteht aus Natron und einer Säure, die gemeinsam unter Feuchtigkeit eine chemische Reaktion hervorrufen. Dabei entsteht Kohlensäure, die den Teig aufgehen läßt. Backpulver sollte möglichst eine natürliche Säure haben, z. B. Weinsteinsäure.

Pottasche

Pottasche (Kaliumcarbonat) wird fast nur für Lebkuchen oder Honigkuchen, also für die traditionelle Weihnachtsbäckerei, verwendet. Der Teig wird nicht zu sehr in die Höhe getrieben. Es entsteht ein festes Gebäck, das in der Regel recht lange haltbar ist.

Hirschhornsalz

Früher wurde Hirschhornsalz tatsächlich aus dem Horn bzw. dem Kopfschmuck von Hirschen und Rehböcken gewonnen. Heute wird es chemisch hergestellt und schmeckt würzig. Es eignet sich wie Pottasche vor allem für die Weihnachtsbäckerei.

Hefe

Neben den chemischen Backtreibmitteln gibt es seit alters her die biologischen. Hefe ist ein natürliches Lebensmittel und reich an Vitaminen, Eiweiß und Mineralien. Hefe lebt und benötigt die für sie optimalen Lebensbedingungen, d. h. eine Temperatur um 35 Grad Celsius (sonnige Fensterbank, Heizung, warmes Wasserbad) und für die Vermehrung Nahrung in Form von Honig. Auch salzige Teige benötigen mindestens einen Teelöffel davon. Zusätzlich wird Flüssigkeit hinzugefügt.

Die winzigen Lebewesen in der Hefe vermehren sich, wenn sie Luft, Wärme, Feuchtigkeit und Nahrung zur Verfügung haben. Durch ihre Stoffwechselaktivität entstehen Kohlensäure und Alkohol, die, leichter als Luft, nach oben steigen. Dabei bilden sich Poren. Durch mehrmaliges Walken des Teiges erreicht man eine gleichmäßige Verteilung der Luft.

Damit Sie Ihren Respekt vor dem Hefeteig verlieren, können Sie mit Instanthefe beginnen. Auf der Packung steht genau, wie man vorgehen muß. Bei der Verwendung von Mehlen einer höheren Type fügen Sie immer etwas mehr Flüssigkeit hinzu.

Sauerteig

Sauerteig ist notwendig, wenn man Brot backen möchte. Hefe als Triebmittel reicht für dunkle Brote nicht aus, denn das reichlich enthaltene Eiweiß des Roggens macht den Teig zäh und klebrig. Hefebakterien finden keine guten Lebensbedingungen vor. Die Säure des Sauerteiges schließt aber das Eiweiß auf. Damit wird indirekt eine bessere Triebkraft erreicht. Zusätzlich bleibt das Brot länger saftig.

Tierprodukte, Fleisch und Fisch

Seit der Mensch seßhaft wurde, versuchte er, sich nicht nur die Pflanzen nutzbar zu machen, sondern auch Tiere in der Nähe der Behausung zu halten, zu züchten und deren Produkte zu verwenden. Durch die Haltung von Nutztieren wurde der Mensch unabhängig vom zufälligen Erfolg der Jagd. Die Wildtiere, die in Einzäunungen oder Ställen nahe bei den menschlichen Siedlungen untergebracht wurden, verloren durch die Anpassung an ihre neue Umgebung ihre Wildheit sowie ihre ständige Flucht- bzw. Kampfbereitschaft. Dies gilt allerdings nicht für die Bienen. Sie können nicht gezähmt werden. Es können allenfalls aggressive bzw. weniger aggressive Bienen gezüchtet werden.

Butter

Butter ist ein reines Naturprodukt, das aus der Sahne der Milch hergestellt wird. Sie hat alle Inhaltstoffe der Milch, also Calcium, Milcheiweiß, Milchzucker und verschiedene Spurenelemente. Der Fettgehalt liegt bei 80 Prozent. Dennoch ziehen wir die Butter der Margarine vor, da sie ein natürliches Produkt ist, während bei der Margarine die Öle gefestigt werden müssen. Meistens werden Farbstoffe und Emulgatoren zugesetzt, die den Organismus belasten.

Eier

Eier enthalten alle acht essentiellen Aminosäuren. Im Durchschnitt besteht das Eiweiß aus 87 Prozent Wasser, 10 Prozent Protein und wenig Fett und Kohlehydrate. Das Eigelb enthält 32 Prozent Fett, 16 Prozent Protein und 48 Prozent Wasser neben Mineralstoffen und Kohlehydraten. Obwohl Eier reichlich Cholesterin enthalten, sind sie für die menschliche Ernährung wichtig. Sie liefern Eisen, Calcium, Phosphor, Kalium, B-Vitamine und die Vitamine E und D. Vor allem im Eigelb sitzen diese Nährstoffe. Vegetarier sollten wissen, daß im Eigelb reichlich Vitamin B_{12} vorhanden ist und somit Mangelerscheinungen vorbeugt. Vor allem die Folsäure, die auch zu den B-Vitaminen gehört, ist in Eiern enthalten. Folsäure ist beteiligt an der Umwandlung von Proteinen in Aminosäuren und am Aufbau der DNA, so daß sie vor allem im Frühstadium einer Schwangerschaft zugeführt werden sollte. Der Lecitin-Anteil des Eigelbes ist darüber hinaus gut für das Gehirn und die Nerven.

Joghurt

Joghurt hat seine Entdeckung einem Zufall zu verdanken. Im Altertum muß ein Hirte Milch in eine aus Pansen genähte Blase gefüllt haben. Er war wohl nicht schlecht erstaunt, als er die Milch später trinken wollte, diese aber fest geworden war. Joghurt entsteht also unter der Einwirkung von Bakterien. Dieses Milchprodukt wurde bei uns erst in den 50er Jahren populär, während im Fernen Osten und in Osteuropa die traditionelle Küche ohne Joghurt nicht denkbar wäre.
Joghurt ist leichter verdaulich als Milch, hat aber sonst fast die gleichen Therapiemöglichkeiten, nämlich Abtötung von Bakterien, Verbesserung der Darmfunktion, Vorbeugung von Krebs und Magengeschwüren und Stärkung des Immunsystems. Im Joghurt werden sieben verschiedene Antibiotika nachgewiesen. Um die Jahrhundertwende wurde Joghurt als Allheilmittel gegen Herzkrankheiten, Senilität und allgemeine Verschlechterung des körperlichen Zustandes gepriesen. Wer gezwungen ist, eine Therapie mit pharmazeutischen Antibiotika durchzuführen, kann mit Joghurt den durch die absterbenden Bakterienstämme verursachten Durchfall lindern.

Müsli mit Joghurt

3 EL Joghurt
2 EL Haferflocken (grobe)

2 EL Cornflakes
1 EL Honig

Joghurt in eine Schale geben, die Haferflocken und Cornflakes darüber streuen und mit Honig süßen. Früchte der Saison dazu essen.
Reicht für eine Person.

Nußjoghurt

2 Becher Joghurt
40 g gemahlene Nüsse

2 EL Honig
2 EL Eierlikör

Joghurt mit Nüssen und Honig vermischen, Eierlikör darauf träufeln und sofort servieren.

Käse

Käse ist ein Lebensmittel, das die Milch und deren Inhaltsstoffe konzentriert und somit haltbar und lagerfähig macht. Die Konzentration steigert seinen Cholesteringehalt. Käse sollte deshalb maßvoll genossen werden. Andererseits enthält Käse die zahlreichen Stoffe des Ausgangsproduktes und ist daher ein wertvoller Begleiter in der täglichen Ernährung. Käse kann den Wurstaufschnitt ersetzen, der in der Regel aus Schweinefleisch hergestellt wird. Achten Sie darauf, daß der Käse nicht chemisch behandelt wurde, damit er als Naturprodukt den Körper aufbaut und nicht zusätzlich belastet.

Milch

Die Milch, die bei uns in der Regel von Kühen stammt, ist ein hochwertiges Lebensmittel. Sie enthält leicht verdauliches Eiweiß, B-Vitamine, Eisen und Calcium. Deshalb wird immer wieder empfohlen, zur Vorbeugung der Osteoporose reichlich Milch zu trinken. Wissenschaftliche Literatur weist aber darauf hin, daß von Erwachsenen Milch nicht mehr verdaut werden könne. Milch ist nämlich als Lebensmittel für Heranwachsende auf deren Bedürfnisse zugeschnitten. Der Verzehr von Milchprodukten ist bei uns jedoch so weit verbreitet, daß sich keiner darüber Gedanken macht. Dennoch können Verdauungsschwierigkeiten auf den übermäßigen Verzehr von Milchprodukten wie Frischmilch, Sahne, Joghurt und Quark zurückgeführt werden. Eine milchproduktfreie Woche gibt letztendlich Aufschluß, ob das tatsächlich so ist. Statistisch gesehen, vertragen 10 Prozent der Erwachsenen keinen Milchzucker.

Milch scheint Infektionen zu bekämpfen (Durchfall), sie besänftigt den Magen nach Reizungen durch Nahrung und Medikamente, beugt peptischen Magengeschwüren und Karies vor, steigert die geistige Energie, senkt hohen Blutdruck und das Cholesterin im Blut und hemmt bestimmte Krebsarten.

Ein Teil des therapeutischen Nutzens kann jedoch auf psychische Faktoren zurückgeführt werden. Milch gilt als Symbol der Geborgenheit, denn die allererste Nahrung des Menschen ist die Muttermilch. Amerikanische Wissenschaftler schreiben über sie, daß sie mit Sicherheit und Geborgenheit in Verbindung gebracht werde und das um so mehr, je positiver die Bindung an die Mutter gewesen sei. Man könnte auch sagen, Milch ist die Verbindung zur Vergangenheit und somit ein nostalgisches Nahrungsmittel.

Wer auf Milchprodukte nicht völlig verzichten möchte, sollte auf Joghurt zurückgreifen. Dieser wurde bereits durch Bakterien »vorverdaut« und ist leichter bekömmlich als Vollmilch. Statt der fertigen Joghurts sollte man jedoch Fruchtjoghurts selbst mit Honig und Früchten herstellen.

Vanillesauce

1 Vanilleschote   4 Eigelb
250 ml Milch   2 EL geschlagene Sahne
2 El Honig

Vanilleschote in Milch aufkochen, Mark auskratzen und in die Milch geben. Honig und Eigelbe schaumig schlagen, zur Milch geben, unter Rühren erhitzen, aber nicht mehr kochen. Wenn die Sauce dickflüssiger wird, vom Herd nehmen und geschlagene Sahne unterheben.

Sahne

Sahne ist die Crème de la crème der Milch. Sie wird von der Milch abgeschöpft und ist ein konzentriertes Lebensmittel, das sparsam verwendet wird. Neben Fett enthält Sahne Vitamin A, B-Vitamine, Kalzium, Magnesium, Kalium, Phosphor und Zink. Saure Sahne entsteht, indem man dem Rahm der Milch Bakterienkulturen zusetzt. Dabei wird der Milchzucker in Säure umgewandelt. Saure Sahne ist vor allem in der osteuropäischen Küche nicht wegzudenken und verleiht Suppen und Saucen eine cremige Beschaffenheit. Zu Obst kann saure Sahne ebenfalls geschmackliche Akzente setzen, läßt sich jedoch der Kalorien und gesättigten Fettsäuren wegen durch Joghurt ersetzen.

Sahnige Honigcreme

1 Päckchen gemahlene Gelatine
5 EL kaltes Wasser
1 Becher Joghurt natur, 3,5% Fett
125 ml Milch

50 g Honig
1 Msp. Vanille
2 EL Zitronensaft
150 ml Schlagsahne

Gelatine in Wasser anrühren und 10 Minuten quellen lassen. In der Zwischenzeit Joghurt, Milch, Honig, Vanille und Zitronensaft verrühren. Die Gelatine erwärmen und vorsichtig in die Joghurtmasse einrühren. Geschlagene Sahne unterziehen, wenn die Speise anfängt, dicklich zu werden. Im Kühlschrank steif werden lassen. Evtl. 100 ml Schlagsahne durch Quark ersetzen.
Dazu reicht man pürierte Früchte, mit Honig gesüßt.

Fleisch

Seit der Domestikation der Tiere sind Jahrtausende vergangen. Für uns Mitteleuropäer stehen tierische Produkte und Fleisch fast unbegrenzt zur Verfügung. Doch es ist schwierig, über die Lebensmittel tierischen Ursprungs zu schreiben, ohne gleich eine Moralpredigt zu halten. Um kein Nahrungsmittel wird so gestritten wie um ein Stück Fleisch. Überzeugte Vegetarier haben nachweislich weniger mit chronischen Erkrankungen zu kämpfen als Fleischesser. Die Krebsrate, die Anzahl an Herzkrankheiten, Schlaganfällen und einer Reihe anderer Krankheiten sind bei Vegetariern niedriger. Viele Vegetarier glauben deshalb, daß Fleisch und tierische Produkte krank machen. In den USA konnte diese Theorie nicht bestätigt werden. Man stellte aber fest, daß Vegetarier, die in der Regel mehr Obst und Gemüse essen, auf diese Weise mehr pharmakologisch schützende Stoffe der Pflanzen zu sich nehmen und deshalb weniger an den Zivilisationskrankheiten leiden.
Nach wie vor gilt ein Stück Fleisch als ein Stück Lebenskraft und als Zeichen von Wohlstand. Schon früh in der Menschheitsgeschichte finden sich Erzählungen, die die kraftspendende Wirkung von Fleisch zum Inhalt haben. Allerdings ist die

moderne Massentierhaltung nicht gerade dazu angetan, den Appetit auf Fleisch zu wecken. Rinderwahnsinn, Salmonellen und Schweinepest sind die Schlagzeilen, die uns Kopfzerbrechen bereiten. Noch nie zuvor gab es so viele freiwillige Vegetarier wie jetzt. Auch Fleischfans haben trotz bewußter Distanz zu Schlachttieren ein schlechtes Gewissen, seit die Bilder von kranken Tieren via Fernseher in die Wohnstuben flimmern.

Dennoch – Fleisch und Fisch enthalten heilkräftige Stoffe. In bezug auf Fleisch möchten wir allerdings eine Einschränkung machen, und zwar beim Schweinefleisch. Bereits in den 40er Jahren wurden Versuche durchgeführt, bei denen sich Schweinefleisch als Homotoxin (Menschengift) herausstellte. Dieses Gift erzeugt im menschlichen Körper, aber auch bei Versuchstieren wie Mäusen, Abwehrerscheinungen, die als verschiedene Krankheiten zu Tage treten. Dr. med. RECKEWEG veröffentlichte zum Thema Schweinefleisch einen Vortrag, indem er die sieben wichtigsten Punkte, die gegen den Verzehr von Schweinefleisch stehen, erläuterte. Wir wollen Ihnen diese Argumente nicht vorenthalten, da Sie in unserem Buch keine Rezepte mit Schweinefleisch oder -schmalz finden:

1. Schweinefleisch ist sehr fetthaltig, denn Schweinefleisch enthält nicht nur Fett außerhalb der Zellen, sondern auch intrazellulär. Das ist eine Besonderheit, die Schweinefleisch von anderen Fleischsorten unterscheidet. Tierisches Fett enthält aber große Mengen an gesättigten Fettsäuren, die im Körper schwer abgebaut werden können und somit eingelagert werden. Schweinefleischesser neigen also zu Fettsucht.

2. Fett ist immer eng mit Cholesterin verbunden. Das wiederum ist die Ursache für erhöhten Blutdruck und Arteriosklerose. Cholesterin findet sich auch in der Hülle von Krebszellen.

3. Schweinefleisch enthält schwefelreiche Schleimstoffe, die beim Menschen zu einer Aufquellung des Bindegewebes führen. Auch werden Schleimstoffe in Sehnen, Bändern und Knorpeln abgelagert und verursachen u. a. Rheuma, Arthritis und Arthrosen.

4. Schweinefleisch enthält ein Wachstumshormon, das Entzündungen und Gewebsauftreibungen verursacht.

5. Das Histamin des Schweinefleisches hat eine Juckreiz erzeugende Wirkung und ist für Hautleidende überhaupt nicht geeignet.

6. In Schweinefleisch wurde ein Stoff gefunden, der noch nicht genau definiert

werden konnte. Er steht aber im Verdacht, bei der Entstehung von Krebs eine Rolle zu spielen.

7. Gegen Schweinefleisch spricht auch die Tatsache, daß das Grippevirus in den Schweinelungen übersommert.

Für uns waren diese Argumente Grund genug, auf den Verzehr von Schweinefleisch zu verzichten. Es ist schon lange bekannt, daß Völker, bei denen Schweinefleisch keine Rolle spielt, bis ins hohe Alter beschwerdefrei bleiben und auch noch schwere Arbeit verrichten können. Wenn Sie unbedingt Schweinefleisch und Aufschnitt mit Schweinefleisch essen möchten, dann halten Sie wenigstens den Cholesterinspiegel mit zwei Knoblauchzehen am Tag in Schach.

Fleischkauf ist immer eine Vertrauenssache. Dieses Vertrauen wurde durch den Rinderwahnsinn schwer erschüttert. Heute ist es um so wichtiger, die Fleischquelle genau zu kennen. Man weiß bis heute nicht, welche Auswirkungen die Streßhormone, die Tiere unter den heute üblichen Haltungsbedingungen entwickeln, in unserem Körper haben. Die Haltungsform der Tiere ist also neben einer antibiotikafreien Ernährung wichtig, wenn wir Fleisch guter Qualität erhalten wollen. Auch hier empfiehlt sich der Kauf beim Bauern oder bei einem Metzger, der das Fleisch von den umliegenden Bauernhöfen bezieht und selber schlachtet. Eine andere Möglichkeit ist, von einem bekannten Metzger größere Portionen zu kaufen und einzufrieren.

Daß der Verzehr von über 60 Kilogramm Fleisch pro Kopf in Deutschland bei weitem zuviel ist, leuchtet den meisten Menschen ein. Dennoch hat Fleisch auch sein Gutes. Die Rinderkraftbrühe hat ihren Namen zu Recht erhalten, und in China gibt es 50 verschiedene Rezepte mit Geflügel, die alle möglichen Erkrankungen verringern sollen, u. a. eine Erkältung. Hühnereiweiß findet man in Deutschland in einer Halsschmerztablette (Frubienzym). Aus diesem Grunde werden wir nicht auf die Rezepte mit Fleisch und Geflügel verzichten, denn auch das Vitamin B_{12} kann nur in Verbindung mit tierischen Produkten vom Körper aufgenommen werden.

Dennoch weisen wir noch einmal darauf hin, daß für eine gesunde Lebensweise der Fleischkonsum drastisch gesenkt werden muß. Erst kürzlich ging aus einer Studie an 20000 Hawaiianern hervor, daß Männer, die hauptsächlich Fleisch essen, ein 60prozentig erhöhtes Risiko für Prostatakrebs haben, da Fleisch die Sexualhormone negativ beeinflußt.

Pfeffersteak mit Honig

4 Rindersteaks
4 TL schwarze Pfefferkörner
2 EL Öl
4 cl Cognac

3 EL Crème fraîche
2 EL Honig
Salz, Pfeffer

Steaks in den zerstoßenen Pfefferkörnern wenden, in Öl auf jeder Seite 2 Minuten braten. Steaks in eine andere Pfanne legen, Bratensatz mit wenig Wasser loskochen und über die Steaks geben, mit Cognac flambieren. Steaks auf Tellern anrichten, Bratenfond mit Crème fraîche, Honig, Salz und Pfeffer abschmecken.

Gulasch in Sauerkraut

400 g Rindergulasch
1 Zwiebel
500 g Sauerkraut
2 Äpfel
Salz

2 TL Honig
Paprikapulver, Pfeffer
1/4 l Wasser
2 EL Apfelsaft
1 EL saure Sahne

Fleisch in Würfel schneiden und anbraten, zuletzt gehackte Zwiebel hinzufügen. Sauerkraut obenauf legen, Äpfel und Gewürze dazugeben, mit Flüssigkeit auffüllen. 30 Minuten bei zugedecktem Topf schmoren lassen. Gulasch mit Apfelsaft und saurer Sahne abschmecken.
Dazu Kartoffelbrei reichen.

Leber mit Honigäpfeln

300 g Schafleber
50 g Weizenmehl
Salz

2 Zwiebeln
1 Apfel
1 EL Honig

Leber in Weizenmehl wenden und in Öl braten, erst dann salzen. Zwiebeln und Apfel schälen, um die Leber verteilen und kurz mitbraten. Unmittelbar vor dem Servieren Honig hinzugeben.
Sofort auftragen.

Fisch

Fisch hat in der Ernährung des Menschen seit jeher eine große Bedeutung. Ein holländisches Sprichwort besagt, daß ein Land mit vielen Heringen mit wenig Ärzten auskommen könne. Bereits 1766 empfahlen englische Ärzte Lebertran zur Behandlung von Gicht, Rheuma und als Mittel zur Erhaltung der korrekten Funktion der Gelenke. Auch der Ruf, Fisch sei Gehirnnahrung, hat sich bis heute erhalten. Zwar ist der Fisch, wie alle Nahrungsmittel unserer Zeit, immer wieder mal in der Presse als belastetes Nahrungsmittel zu finden. Dennoch scheint der mögliche therapeutische Nutzen ein Fischgericht pro Woche durchaus zu rechtfertigen.

Fisch verdünnt das Blut, schützt die Arterien, wirkt antithrombotisch, verringert die Triglyceride im Blut, senkt das LDL-Cholesterin und den Blutdruck, verringert das Risiko von Herzinfarkt und Schlaganfall, lindert die Symptome von rheumatischer Arthritis, verhindert das Risiko der Hauttuberkulose, lindert Migränekopfschmerzen, wirkt entzündungshemmend, reguliert das Immunsystem, beugt bei Tieren Krebs vor, lindert Bronchialasthma, bekämpft Nierenkrankheiten im frühen Stadium und fördert die geistige Energie.

Eine solch lange Liste positiver Wirkungen rechtfertigt es nicht, Fisch vom Speisezettel zu streichen. Einen Anhaltspunkt für den Fischeinkauf sollte man jedoch beachten: Zu fetten oder geräucherten Fisch nur selten kaufen. Auch der zu

Weihnachten beliebte Lachs ist mit Vorsicht zu genießen, denn er wird heute in riesigen Zuchtanlagen gehalten. Um die Seuchengefahr zu minimieren, setzen die Züchter Antibiotika ein. Das gilt übrigens nicht nur für Fisch, denn fast alle Tiere aus Massentierhaltung bekommen mit Antibiotika versetztes Futter.

Für die Zubereitung von Fisch mit Honig kommen vor allem mild schmeckende Fische in Betracht, wie Forelle, Seelachs und Rotbarsch. Sie entwickeln eine interessante Geschmacksnuance.

Mandel-Honig-Forellen

4 kleine Forellen
2 EL Zitronensaft
Salz
20 g Weizenmehl

50 g Butter oder Butterschmalz
100 g Mandeln
2 TL Honig

Forellen waschen, trockentupfen und mit Zitrone beträufeln, etwas ziehen lassen, innen und außen mit Salz bestreuen. In Weizenmehl wenden und in Butter braten. Ganz am Schluß Mandeln in die Pfanne geben, Forellen mit Honig beträufeln, einmal umdrehen.

Sofort mit Petersilien-Kartoffeln und Salat servieren.

(Siehe auch mit Kräutern gefüllte Forelle im Kräuterkapitel.)

Seelachs in Zitronen-Dill-Sauce

1 kg Seelachs
2 EL Zitronensaft
Salz
1 Bund Suppengrün
125 ml Weißwein
40 g Butter
1 Becher Crème fraîche

5 EL Milch
2 EL Zitronensaft
1 TL gemahlene Zitronenschale
2 EL gehackter Dill
2 TL Honig
Salz

Seelachs waschen, trockentupfen, mit Zitronensaft beträufeln, ziehen lassen. Salzen und mit Suppengrün und Weißwein im Topf dünsten. Auf einer Platte mit erwärmter Butter begießen, warm stellen. Für die Sauce Crème fraîche mit Milch und Zitronensaft, Zitronenschale und Dill verrühren, mit Honig und Salz abschmecken. Diese Sauce zu dem Seelachs reichen.
Dazu Weißbrot und ein milder Blattsalat.

Matjes mit Senf-Honig-Sauce

2 EL mittelscharfer Senf
1 EL Honig

1 TL gehackter Dill
10 kleine Stücke Matjes

Senf mit Honig und Dill verrühren, zum Matjes reichen.
Dazu Pellkartoffeln und ein milder Salat.

Geflügel

Geflügel ist von unserem Speisezettel nur schwer wegzudenken. In unserer bewegungsarmen Zeit hat es große Bedeutung, denn es ist im Vergleich zu Rind und Schaf fettarm und leicht bekömmlich. Weißes Geflügelfleisch ist in der Regel auch für Magenkranke verträglich. Das Eiweiß von Geflügel enthält alle essentiellen Aminosäuren und einige Vitamine, nämlich Vitamin A, B_1, B_2 und Niacin (B_3). Letzteres ist an der Umwandlung von Fetten, Kohlenhydraten und Eiweißen in Energie beteiligt.

Während Hähnchen ungefähr 144 kcal pro 100 g enthalten, liegt dieser Anteil bei Gans und Pute höher. Der hohe Gehalt an Phosphor ist wie das Niacin bedeutsam für den Energiebedarf. Da Geflügel ein reichhaltiger Eiweißträger ist, gilt auch hier, sparsam damit umzugehen. Außerdem empfehlen wir, beim Einkauf darauf zu achten, daß die Tiere aus Freilandhaltung stammen.

Putenroulade

100 g Reis	*4 Putenschnitzel*
250 ml Wasser	*2 TL Honig*
1 Zwiebel	*4 EL Olivenöl*
1 Knoblauchzehe	*125 ml Wasser*
Öl	*200 g Sahne*
2 EL Pinienkerne	*1 Dose Tomatenmark*
50 g Rosinen	*1 rote Paprikaschote*
Salz, Pfeffer, Curry	*Rosmarin, Thymian,*
1 Bund Petersilie	*2 TL Honig*

Reis im Wasser kochen, quellen lassen. Zwiebel und gepreßte Knoblauchzehe in Öl anbraten, Pinienkerne und Rosinen dazugeben. Vom Herd nehmen, mit Salz, Pfeffer, Curry und Petersilie würzen. Putenschnitzel waschen, abtrocknen, mit Honig bestreichen. Reis mit dem Inhalt der Pfanne vermengen, Schnitzel damit füllen und zusammenrollen. Öl erhitzen, Schnitzel anbraten, mit Wasser und Sahne aufgießen, Tomatenmark, gewürfelte Paprika und Gewürze hinzugeben, schmoren lassen. Vom Herd nehmen und mit Honig abschmecken.

Honighähnchen

2 Brathähnchen
2 TL Öl
2 EL Honig

1 EL Senf
2 TL Curry
Salz

Hähnchen waschen und halbieren, mit Öl einpinseln, auf eine Alufolie legen. Honig mit Senf, Curry und Salz verrühren, Hähnchen damit bestreichen. Alufolie über den Hähnchen schließen. Im Backofen eine halbe Stunde braten, die Folie öffnen und weitere 20 Minuten backen, bis die Haut knusprig ist.

Orangenente

1 Ente
1 Möhre
1 Petersilienwurzel
1 Zwiebel
3 Orangen
1 Zitrone
Salz, Pfeffer
2 EL Öl

500 ml Gemüsebrühe
70 g Honig
4 EL Weißweinessig
4 EL Cointreau
2 EL Speisestärke
2 EL Orangenmarmelade
Salz, Pfeffer

Ente waschen und trockentupfen. Möhre, Petersilienwurzel, Zwiebel und eine Orange schälen, kleinschneiden. Eine Orange und die Zitrone dünn schälen, Schale in feine Streifen schneiden. Zwei Orangen und die Zitrone auspressen. Ente salzen und pfeffern, in Öl in einem Bratentopf mit der Brust nach unten 15 Minuten braten. Gemüse um die Ente streuen, Ente wenden, nach 15 weiteren Minuten mit Brühe aufgießen. Ente in den Backofen schieben und fertiggaren. Zitrusfrüchte und deren Saft in einem Topf erhitzen, 30 Minuten köcheln lassen, Honig hinzufügen. Ente warm stellen, vom Bratensud Fett abschöpfen. Fond mit dem eingekochten Saft der Zitrusfrüchte und Essig aufkochen, die Sauce vom Herd nehmen, mit Likör mischen. Mit Speisestärke die Sauce andicken und nochmals aufkochen, Orangenmarmelade unterrühren, mit Salz und Pfeffer abschmecken. Dazu Kartoffeln oder Reis.

231

Wild

Jeder Jäger wird das Fleisch aus Massentierhaltung für ein gutes Wildbret stehenlassen. Das Fleisch von Reh, Wildschwein und Kaninchen und die wildlebenden Geflügel wie Taube und Fasan haben einen starken Eigengeschmack, von dem unsere Haustiere heute in der Regel durch beschleunigtes Wachstum, Haltungsbedingungen und Zucht weit entfernt sind. Dennoch gilt für das Wildschwein das gleiche wie für unser Hausschwein: es enthält Homotoxine. Das gilt vermutlich auch für das Kaninchen.

Allerdings ist das Fleisch von Wildtieren ein ausgereiftes Fleisch, denn die Tiere fressen, was sie finden und benötigen. Hier gibt es wieder eine Ausnahme: Findige Bauern halten Wildschweine oder andere Wildtiere unter modernen Haltungsbedingungen, um den Bedarf an Wildtieren für die Gastronomie zu sichern. Das verstehen wir nicht unter Wild. Wenden Sie sich an einen Jäger in Ihrer Nähe, wenn Sie mit dem Fleisch von Wildtieren Ihren Tisch bereichern möchten. Das Fleisch von wildlebenden Tieren ist in der Regel fettärmer und enthält vor allem B-Vitamine, Phosphor und Eisen.

Wildsuppe »Jägerhans«

1 Zwiebel	*750 ml Wasser*
1 EL Butterschmalz	*1 Apfel*
250 g Wildfleisch	*10 g Stärkemehl*
2 Wacholderbeeren	*3 EL Rotwein*
1 Nelke	*1 EL Preiselbeerkompott*
Salz	*1 EL Honig*

Zwiebel in Butterschmalz anbraten, kleingeschnittenes Wildfleisch hinzufügen und anbraten. Gewürze dazugeben, mit Wasser auffüllen, eine Stunde kochen lassen. Apfel schälen, würfeln, die letzte Viertelstunde mitkochen. Stärkemehl mit Rotwein anrühren, die Suppe damit binden. Mit Preiselbeeren und Honig abschmecken, evtl. einen Löffel Schmand in die Mitte der Suppe setzen und heiß servieren.

Rehrücken Cumberland

1 Rehrücken (2 kg)
Salz
3 Wacholderbeeren
50 g Butter
100 g Butterschmalz
125 ml saure Sahne
4 EL Johannisbeergelee

3 EL milder Senf
1 EL Honig
1 Glas Rotwein oder Sherry
2 Apfelsinen
1/2 Zitrone
Worcestersauce
Pfeffer, Ingwerpulver

Rehrücken mit Salz und zerstoßenen Wacholderbeeren einreiben, mit Butter bestreichen und auf dem Rost im Backofen bei 220 Grad 35-45 Minuten braten. Dabei immmer wieder mit zerlassenem Butterschmalz begießen. In den letzten Minuten saure Sahne über den Rehrücken geben. Bratensatz durch ein Sieb gießen, mit Wasser verlängern und mit Mehl binden. Diese Sauce reicht man zu Kartoffeln. Zum Braten gibt man eine Cumberland-Sauce, hergestellt aus Johannisbeergelee, Senf, Honig, Wein, Apfelsinen- und Zitronensaft, Worcestersauce, Pfeffer und Ingwerpulver.
Dazu passen warme Birnen, Rotkohl oder Feldsalat.

Literatur

Folgende Bücher sind für die Arbeit an diesem Buch verwendet worden und zum ausführlichen Nachlesen geeignet:

ACHTERBERG, JEANNE 1991, Die Frau als Heilerin, Scherz Verlag, Bern, München, Wien

ALTNER/KRAUTH/LÜNZER/VOGTMANN 1990, Gentechnik und Landwirtschaft, Alternative Konzepte, C.F. Müller Verlag, Heidelberg

BÖDEKER und DÜMMLER 1993, Pestizide und Gesundheit, Alternative Konzepte, C.F. Müller Verlag, Heidelberg

CALATIN, ANNE 1992, Ernährung und Psyche, Alternative Konzepte, C.F. Müller Verlag, Heidelberg

CARPER, JEAN 1994, Nahrung ist die beste Medizin, Econ Verlag, Düsseldorf

DAS BUCH DER GESUNDHEIT, 1986, Knaur Verlag, München

DAS ERFRISCHUNGSGETRÄNK, Zeitschrift, Nr. 5, 2. März 1994, Mineralwasserzeitung, Stuttgart

DIAMOND, H. UND G. 1985, Fit für's Leben, Goldmann Verlag, München

EBEL, GOTTLIEB 1994, Gesundheit aus der Bienenapotheke, Ariston Verlag, München

EHRNSPERGER, A. 1992, Honig-Kochbuch, Weltbild Verlag, Augsburg

FROLIKIVA, JANA 1993, Tschechische Küche, Verlag Merkur, Prag

FURTHMEYER-SCHUH 1993, Postmoderne Ernährung, Thieme Verlag, Stuttgart

GEISLER, GERHARD 1980, Pflanzenbau, Ein Lehrbuch – Biologische Grundlagen und Technik der Pflanzenproduktion, Verlag Parey, Berlin, Hamburg

HAIGH, RACHEL 1987, Gesund essen – Vollwertkost – Neue Rezepte, MCS, Hamburg

HAUS-APOTHEKE, Natürlich gesund, Bewährte Mittel und Methoden der Selbstbehandlung, Seehamer Verlag, Weyarn

KESSLER, KLAUS 1981, Lexikon der Heilkräuter, Bastei Lübbe Verlag, 1981

KNEIPP, SEBASTIAN 1994, Meine Wasserkur. So sollt ihr leben. Die weltberühmten Ratgeber in einem Band, Ehrenwirth Verlag, München

KOSCHTSCHEJEW, A. K. 1990, Wildwachsende Pflanzen in unserer Ernährung, Fachbuchverlag, Leipzig

KREMER, BRUNO P. 1981, Das Kosmos Kräuterbuch, Franck'sche Verlagsbuchhandlung, Stuttgart

MAYR, PETER 1990, Gaumenfreuden aus der Vollwertküche, Haug Verlag, Heidelberg

MEYER, PHILIPPE 1983, Die Würze des Lebens – Salz, Schweizer Verlagshaus

MÜLLER-REISSMANN/SCHAFFNER 1990, Ökologisches Ernährungssystem, C. F. Müller Verlag, Heidelberg

PM (Zeitschrift) 1992, 12. Ausgabe, S. 98 f.

RANDOLPH UND MOOS, 1993, Allergien: Folgen von Umwelt und Ernährung, Alternative Konzepte, Verlag C. F. Müller, Heidelberg

RECKEWEG, H.-H. DR. MED. 1977, Schweinefleisch und Gesundheit, Aurelia Verlag, Baden-Baden

RINKE, SILVIA 1992, Apfelessig und seine Anwendungsmöglichkeiten in der Haltung landw. Nutztiere, Projektarbeit an der GH Kassel, Standort Witzenhausen

RINKE, SILVIA 1992, Zur bovinen spongiformen Encephalopathie, Diplomarbeit an der GH Kassel, Standort Witzenhausen

ROCK, GINI 1990, Die gesunde Honigküche, MCS (Medien Creativ Service) GmbH

SCHWESTER BERNADINES Heilkräuterbuch 1980, Mosaik Verlag, München

SHULMAN, MARTHA ROSE 1986, Die Honig- und Kräuter- Küche, Ehrenwirth Verlag, München

STARY, F. 1991, Heilpflanzen für Ihre Gesundheit, Werner Dausien Verlag, Hanau

STERN 1994, Unser täglich Fleisch, Gefahr durch kranke Tiere, Heft Nr. 16, Hamburg

STRASSBURGER 1993, Lehrbuch der Botanik, Gustav Fischer Verlag, Jena

TREBEN, MARIA 1980, Gesundheit aus der Apotheke Gottes, Verlag Wilhelm Ennsthaler

TRONICKOVA, EVA 1985, Gemüse, Verlag Werner Dausien, Hanau/Main

VOGEL, ALFRED 1985, Die Leber als Regulator der Gesundheit, Teufen Verlag, Schweiz

WALB, L. UND I. 1976, Die Haysche Trennkost, Karl Haug Verlag, Heidelberg

WIELOCH, E. 1983, Gesund durch Obst – roh und gekocht, Fachbuchverlag Leizig

WILLFORT, RICHARD 1979, Gesundheit durch Heilkräuter, Trauner Verlag, Linz, 19. Auflage

WINTER, RUTH UND ARTHUR, Brainfood, Verlag Bruno Martin

Alphabetisches Verzeichnis der Rezepte

Edmund Herold/Gerhard Leibold

Heilwerte aus dem Bienenvolk

Honig, Pollen, Gelée Royale, Wachs, Kittharz, Bienengift und deren Bedeutung für die Gesundheit des Menschen.
15. Auflage, 248 Seiten, 50 Abb., Pbck.
DM 26,–/öS 192,–/sfr 26,–
ISBN 3-431-03162-5

Die Verfasser haben mit bewundernswertem Geschick zusammengetragen, was Ärzte in aller Welt an Erfahrungen mit Honig, Pollen und weiteren Bienenprodukten gesammelt haben. Eine echte Fundgrube gesundheitsfördernder, praktischer Ratschläge!

Helmut Horn/Cord Lüllmann

Das große Honigbuch

Entstehung, Gewinnung, Zusammensetzung, Qualität, Gesundheit, Vermarktung.
280 Seiten mit zahlr. z. T. farbigen Abb., Zeichnungen und Tabellen, geb.
DM 98,–/öS 765,–/sfr 98,–
ISBN 3-431-03208-7

Der Honig ist seit etwa zwölftausend Jahren eines der wertvollsten Nahrungs- und Genußmittel und stellt ein weltwirtschaftlich bedeutendes Handelsprodukt dar.
Die Honigproduktion steht wie kein anderes Agrarhandelsprodukt im Einklang mit der Natur, denn die Biene ist wie der Mensch auf eine unzerstörte Natur angewiesen.
Dieses großangelegte Werk informiert umfassend, auf neuestem Stand und in leicht verständlicher Sprache über alle Aspekte des Honigs.

„Das Buch spannt einen Bogen von der Geschichte des Honigs und dem Handel über die Gewinnung, die Vermarktung, die Eigenschaften und die Untersuchungsmethoden bis hin zu den bereits erwähnten medizinischen Aspekten. Auch die Biologie der Biene sowie Schönheits- und Kochrezepte lassen die Autoren nicht aus. Im vierzig Seiten starken Anhang finden sich Gesetze, Regeln und Normen, die alle mit dem Honig zu tun haben. Literaturverzeichnis und Sachregister vervollständigen den soliden Eindruck."
Die Zeit

Gerhard Schlammer

Natürliche Bienenhaltung – Naturreiner Honig

Das kritische Bienen- und Honigbuch
140 Seiten, Pbck.
DM 29,80/öS 219,–/sfr 29,80
ISBN 3-431-03443-8

In diesem Buch erfahren die Leser, was man über Honigbienen und Honigprodukte wissen sollte. Es richtet sich sowohl an die große Zahl der Imker, die mehr und mehr versuchen, auf natürliche und umweltverträgliche Weise mit den Bienen zu arbeiten, als auch an die gesundheitsbewußten Verbraucher, die wirklich naturreinen Bienenhonig für sich und ihre Familien einkaufen möchten.
Der Autor, selbst Imker, erklärt, warum Bezeichnungen „Echter Bienen-", „Imker-" oder „Qualitätshonig" längst keine Gewähr für die biologischen Werte des Honigs mehr sind, warum „reines" Bienenwachs zumeist nicht rein ist. Dieses Buch ist eine äußerst informative Reise in die faszinierende Welt der Bienen, es ist ein Bienenbuch, ein Honigbuch und ein Umweltbuch in einem.

Ehrenwirth Verlag